MIRIAM COM PARTEIRAS

Quatro moças ao presépio

Informação bibliográfica por Deutsche Nationalbibliothek:
A Biblioteca Nacional Alemã registra a edição original alemã dessa
publicação na Bibliografia Nacional Alemã; dados bibliográficos
detalhados são acessíveis via
http://dnb.dnb.de.

Produção e editora:
BoD – Books on Demand, Norderstedt, Germany.

ISBN: 9783748152156

No ano 1943: Moça judia abusada por heróis ucranianos mas ajuda-
da por mulheres mais velhas.

Madona do fuso, pintura inspirada por um quadro perdido de Leonardo, nascido em Vinci no dia 15 de abril 1452 como filho de patrício com trabalhadora rural de nome Catarina. Alessandro Vezzosi, fundador do Museo Ideal em Vinci, explica: "Muitas famílias abastecidas e proeminentes compraram mulheres do Leste Europeu ou Oriente Médio. As moças então foram batizadas, os nomes mais frequentes delas sendo Maria, Marta e Catarina." Uma impressão digital de Leonardo mostrou um padrão que normalmente se acha só entre Árabes.[1]

---

1 "Da Vinci's mother was a slave, Italian study claims." The Guardian, April 12, 2008.

MIRIAM COM PARTEIRAS
Quatro moças ao presépio

Seis cenas inspiradas por Jane Schaberg e Nilton Bonder, compiladas por Konrad Yona Riggenmann.

A   No fundo histórico

Miriam Com Parteiras dão resposta terrestre ao texto de mensagem celeste que começou dominando o Oeste desde o encontro que o mesmo texto descreve como segue:

E, no sexto mês, foi o anjo Gabriel enviado por Deus a uma cidade da Galiléia, chamada Nazaré, a uma virgem desposada com um homem cujo nome era José, da casa de Davi; e o nome da virgem era Maria. E, entrando o anjo aonde ela estava, disse: "Salve, agraciada; o Senhor é contigo; bendita és tu entre as mulheres." E ela se turbou muito com aquelas palavras, e considerava que saudação seria esta. Disse-lhe, então, o anjo: "Maria, não temas; porque achaste graça diante de Deus. E eis que em teu ventre conceberás e darás à luz um filho, e pôr-lhe-ás o nome de Jesus. E este será grande, e será chamado filho do Altíssimo, e o Senhor Deus lhe dará o trono de Davi, seu pai; e reinará eternamente na casa de Jacó, e o seu reino não terá fim". E disse Maria ao anjo: "Como se fará isto, visto que não conheço homem algum?" E, respondendo o anjo, disse-lhe: "Descerá sobre ti o Espírito Santo, e o poder do Altíssimo te cobrirá com a sua sombra. Por isso também o que nascerá de ti será chamado Santo, Filho de Deus." (Lucas 1:26-35)

Abaixo do anjo e do Deus que o enviou, o texto fala bem mundana e físicamente: A virgem *se turbou muito* por causa daquele *entrando* (εἰσελθὼν, *eiselten*), pressagiando que ela *conceberá*. Ela está desposada com um homem mas não conhece homem algum. Não há pergunta se ela quer ou não; nem há amor, para não falar de desejo. Algo forte descerá sobre ela. Desde que este poder *cobrirá* (ἐπισκιάσει, *episkiásei*) a virgem *com sombra*, deve ser um poder escuro. Quanto ao pai, dois são mencionados: *Davi* e *Deus*.

Com sutileza literária, o autor de cultura grega por volta do ano 90 d.C. embrulha numa história de temor de Deus a realidade de uma conceição muito inesperada mas acontecida, conceição assustadora pois sombria e invasora, sem amor precedente. E tudo isso, como Lucas afirma, por ordem do divino Senhor ao qual mulher alguma não é prevista de opor-se. Para os leitores contemporâneos do autor, sejam gregos ou romanos, que conheceram o Zeus e seus amigos do Olimpo como deuses bem viris, e que como estes costumaram ter controle firme das suas mulheres, este comportamento divino não foi ofensivo demais.

Dois milênios depois, no entanto, surge a questão dos efeitos colaterais que essa cena primeva tinha, particularmente para o ocidente. O que é que, por exemplo, o desprezo cristão do corpo e da natureza sexual, da alta estima para o celibato e baixa para o feminino, têm de ver com o modelo da serva virginal obediente Maria?

O peso real desta cena primeva, contudo, provém do fato que o filho provindo desta cena tornou-se o paradigma de obediência; que a cruz, simbolizando essa obediência, acompanhou e justificou os genocídios contra índios e negros, ciganos e judeus; que até hoje ela orienta o historicamente mais violento de todos os continentes e proclama a mensagem da violência salvífica e libertadora.

Exatamente esta mensagem doente é o que Miriam com Parteiras encaram, rastreando a violência alegadamente voluntária e redentora até o inicio dela, no ventre materno.

Esta violência, que liga o inicio do nazareno com o fim dele, é visualizada por Madonas russas, presépios brasileiros e quadros italianos da renascença por colocar ao lado do menino, na manjedoura ou no colo da mãe, a cruz na qual o filho pequeno morrerá um dia, de acordo com o planejamento divino do seu pai celeste.

À luz da violência terrível no fim da sua vida curta, Miriam e Parteiras deveriam ter permissão para ligar a violência militar romana, na execução dele, com aquela da sua introdução neste mundo – visto que justamente os textos desta Bíblia que deram fama mundial a Miriam e Jesus também evidenciam que ele foi o filho ilegitimo da sua mãe honesta.

"Tu és meu Filho, eu hoje te gerei": assim Deus fala ao filho seu que responde: "Tu és meu pai, meu Deus."

Quem é que assim responde? Jesus? Não, o Rei Davi é este Filho de Deus, nos Salmos (2:7 e 89:26). Espere um pouquinho, diz o cristão: este Rei Davi está chamando Deus o "meu pai" no mesmo sentido como Jesus nós ensinou a chamar este Deus o "Pai Nosso", certo? Certinho, porém deste jeito, caro cristão, as coisas se tornam ainda mais complicadas: Se Jesus chama o seu *Abba, Pai* o *Pai Nosso*, o que é que então distingue a sua filiação, sua relação especial com o seu Pai, da relação do Fulano com o *Pai Nosso*? O que é que distingue o seu sacrifício cruel das mortes cruéis de tantos *filhos de Deus*, por exemplo os 50.000-100.000 rebeldes matados nas cruzes durante a ocupação romana da Palestina ou os 13 milhões de africanos contabilizados como perdas no transporte para as Americas cristianizadas ou as 1.300.000 crianças enchendo valas com seus corpos porque seus

ancestrais tinham matado (pode crer) Jesus dezenove séculos antes?[2]
Vamos constatar que textos bíblicos apresentam o filho da virgem e
mãe de sete (Marcos 6:3) como descendente de Davi e também de
Deus. O que é que se esconde atrás deste triângulo de um homem
com relação tão forte com o seu pai, que Paulo o declarou sendo o
Filho do Altíssimo?
Por enquanto, vamos ficar com Jesus Filho de Davi, porque para isso
se pode tomar o Antigo e o Novo Testamento como testemunhos. Em
harmonia agradável, os dois – no evangelho de Mateus que bem literalmente é a ponte entre eles – apontam para quatro atos imorais de
geração, quatro mulheres indecorosamente amantes, quatro tataravós
do Rei Davi, do Messias Jesus, filho da Miriam.

Mateus: As avós de Jesus

"Livro da geração de Jesus Cristo, filho de Davi, filho de Abraão.
Abraão gerou a Isaque ..." e assim por diante. Este trecho (Mateus
1), representando a transição da "Bíblia Antiga" ao "Novo Testamen-
to", enumera 40 ancestrais antigos de Jesus. Olhando mais de perto,
porém, cinco véus femininos reluzem entre eles:
"Judah gerou, de Tamar, a Perez e a Zerah ..."
"Salmom gerou, de Raabe, a Boaz ..."
"Boaz gerou de Rute a Obede ..."
"Davi gerou a Salomão da de Urias ..." cujo nome foi Bate-Seba.
"Jacó gerou a José, marido de Maria, da qual nasceu Jesus, que é
chamado Cristo. (Mateus 1, verso 16).
O marido da Maria que geralmente e doutrinalmente é considerado
como padastro do Jesus, aqui é o elo indispensável na cadeia genea-
lógica ligando Abraão com o filho da Maria. Então Jesus foi gerado
por José ben Jacó? Não, porque imediatamente depois da cadeia
inteira segue o desmentido: "Estando Maria, sua mãe, desposada
com José, antes de se ajuntarem, achou-se ter concebido do Espírito
Santo" (Mateus 1:18). Aqui José definitivamente não é o pai natural,
não tendo convivido com Maria ainda.
Contradição textual ou edição desleixada? Não se deve ter este Mateus, o provavelmente único judeu dos evangelistas, por bobo. Certamente ele estava completamente ciente da inconsistência dentro de
um mesmo capítulo do texto dele. Completamente ciente ele tinha
copiado a linha dos ancestrais de Davi do primeiro livro das Crônicas

---

2 Judeus: Telushkin 2001, p.507-508; Africanos: Schützenberger, p.56.

(1-2) e modificado a linha dos filhos de Davi para chegar a uma simetria limpa tripartida de 14 gerações até Davi, 14 até a Babilônia e 14
da Babilônia até Jesus – contanto que, porém, se conta a Maria como
equivalente de homem. A nova edição de Mateus é completamente
intencional. Mas o que é a intenção? Será que ele, que "escreve entre judeus para judeus",[3] tencionou conduzir os seus leitores judeus,
pela menção das quatro avós do rei Davi, para um segredo aberto
no ambiente judaico dele, um detalhe biográfico vital da quinta mãe
judia, Maria de Nazaré? Que tal de detalhe isso pudesse ser, talvez
podemos apurar olhando de mais perto às quatro mulheres especiais
Tamar, Rahab, Ruth, Bate Seba, essas mães excepcionais que Mateus
achou dignas de tomar posição entre 40 patriarcas?

Tamar consegue filho: Judá, o quarto filho de Jacó, tinha migrado
para Canaã e se casado com uma cananeia de nome Sua num casamento misto. Ela deu à luz três filhos dele, e os chamou Er, Onã
e Selá, que cresceram para – assim ele esperava – dar a ele netos,
e "Judá, pois, tomou uma mulher para Er, o seu primogênito, e o
nome dela era Tamar." Porém, Er morre cedo. Agora Judá obriga
o segundo filho a casar-se com a viúva para "suscitar descendência
a teu irmão". Casamento pouco romântico, e não admira que Onã
começou fazendo não exatamente o que refere ao nome dele mas coito interrompido, cada vez, "e derramava o sêmen na terra". Porque
isso não é saudável e "era mau aos olhos do Senhor", Onã morre
também. Agora Tamar tem que esperar até que Selá, o terceiro filho
de Judá, avançar à idade núbil para ser dado a ela de terceiro marido.
Em vão ela espera. Selá já é grande, mas Tamar percebe que o sogro
não iria dar o terceiro filho à Viúva Negra dos dois filhos mortos.
Entretanto, morre a esposa de Judá, e alguém avisa Tamar que depois
do período de luto ele "sobe a Timna, a tosquiar as suas ovelhas". Na
entrada do vilarejo Enayim, o viúvo vé uma prostituta com rosto coberto, e pelo preço de um cabrito ela concorda. Porém, porque Judá
não tem cabrito em mãos, ela pede o "selo, cordão e cajado que está
em sua mão" como penhor. Ele dá, ela se dá.
Três meses depois, deram aviso a Judá, dizendo: "Tamar, tua nora,
adulterou, e eis que está grávida." Coisa grave, e com tal mulher o
patriarca acaba sem demora: "Tirai-a fora para que seja queimada."
Porém, a condenada coloca na mesa três objetos: selo, cordão, cajado. E Judá os conhece e confessa: "Mais justa é ela do que eu. Por

---

3 Arenhoevel et al., Jerusalemer Bibel, p.1364.

10

que não a tenho dado a Selá meu filho?" (Genesis 38:26). E nascem os gêmeos, e o mais rápido é chamado Perez e bem se insere na linha do Messias.

Raabe fornica e ajuda: Enquanto a tataravó Tamar teve que jogar a prostituta apenas por uma tarde para ganhar o seu caso contra o patriarca, sete gerações depois sua tataravó Raabe é profissional e provavelmente com ampla clientela na cidade de Jericó. Para essa capital dos inimigos, dois espiões são mandados por Josué, o filho de Nun. Eles ficam na casa de Raabe durante a noite, mas levantam suspeitas e madame é solicitada pelos compatriotas dela a tirar fora os clientes estrangeiros.
"Já saíram", ela responde, "mas se vocês se apressam, os alcançarão." Sozinha de novo, ela sobe ao eirado, onde ela os tinha escondido entre as canas de linho. Aqui ela os peça prometer que "conservareis com a vida a meu pai e a minha mãe, como também a meus irmãos e a minha irmã, com tudo o que têm e que livrareis as nossas vidas da morte."
Por uma corda ela os faz descer pela janela do bordel, "porquanto a sua casa estava sobre o muro da cidade" (Josué 2:15). Pouco mais tarde, o povo de Deus avança para tomar Jericó. E Josué dá ordens a rodear a cidade sete vezes levando a arca do Senhor, e os sete sacerdotes tocam as buzinas de chifre de cordeiro sete vezes, e no sétimo dia primeiramente os muros caem e a seguir os cidadãos acabam sendo massacrados.

E os muros já vão derrubar
e a cidade fica achatada,
poupada só essa barata de pousada
e pergunta-se: Quem mora lá tão exemplar?
E quando na manhã eu vou sair da porta
já ouço que murmuram: Morou neste lugar?
E neste meio-dia haverá silêncio no porto
quando eles me perguntam: Quem deles deve-se matar?
E vão me escutar dizendo: Todos!
E quando cair a cabeça, eu digo: Upa!
E o navio de velas oito e canhões cinquenta
comigo vai sumir.

Não, Raabe não manda matar todos, nem comenta de "Upa" como

faz a Jenny dos Piratas de Bertolt Brecht. Quanto a Raabe-Jenny de Jericó, o Josué porém deu "vida à prostituta e à família de seu pai, e a tudo quanto tinha; e habitou no meio de Israel até ao dia de hoje" (Josué 6:25). Na sua vida nova, Raabe se tornou dona de casa, mãe, avó e a segunda sogra de Rute. Mateus não tem problema integrando a ex-puta na linha maternal do Messias: "Salmom gerou, de Raabe, a Boaz; e Boaz gerou de Rute a Obede."

Rute seduz o filho de puta honesto: "Nos dias em que os juízes julgavam, houve uma fome na terra; por isso um homem de Belém de Judá saiu a peregrinar nos campos de Moabe, ele e sua mulher, e seus dois filhos." As mulheres de Moabe, descendentes de Lot e sua filha mais velha, são afamadas por sua beleza. Não é de admirar que os dois filhos da família migrante se casam logo, os nomes das esposas formosas sendo Orfa e Rute, mas de novo os dois maridos morrem. Seu pai Elimeleque já tinha falecido antes, e sua mãe Noemi, tendo ouvido que na terra de Judá chuva, leite e mel estão fluindo de novo, decide voltar ao povo dela. As duas noras choram, porém a Rute apega-se a ela, e insiste em ir com a sogra viúva. "Porque aonde quer que tu fores irei eu, e onde quer que pousares, ali pousarei eu; o teu povo é o meu povo, o teu Deus é o meu Deus."
Chegam a Belém "no princípio da colheita das cevadas", e Rute entra no ganha-pão aberto aos pobres: apanhar espigas em campos após os segadores. Por acaso ela começa colher no campo de Boaz que por acaso acaba chegando de Belém e pergunta ao contramestre dos segadores: "De quem é esta moça?" – "Esta é a moça moabita que voltou com Noemi", responde o capataz. "Desde pela manhã está aqui até agora, a não ser um pouco que esteve sentada em casa."
Boaz fica impressionado com as boas referências da bela moabita. "Não vás colher em outro campo", ele a aborda, "dei ordem aos moços que não te molestem. Tendo tu sede, vai aos vasos, e bebe do que os moços tirarem." A hora de comer dá ocasião para chegar mais perto: "Achega-te aqui, e come do pão, e molha o teu bocado no vinagre" ele sugere, acumulando trigo tostado no prato dela.
Quando Rute volta pra casa na noite, o amor reluzindo de cada botoeira, Noemi a pergunta atenciosamente: "Minha filha, não hei de buscar descanso, para que fiques bem? Ora, pois, não é Boaz, com cujas moças estiveste, de nossa parentela? Eis que esta noite padejará a cevada na eira. Lava-te, pois, e unge-te, e veste os teus vestidos, e desce à eira ..." Depois do pico de trabalho estival, Boaz o filho

de Raabe "comido e bebido, e estando já o seu coração alegre, veio deitar-se ao pé de um monte de grãos." E assim a Bíblia descreve como uma mulher forte – sem alguma sedução – realiza a sua intenção: "Veio ela de mansinho, e lhe descobriu os pés, e se deitou. E sucedeu que, pela meia noite, o homem estremeceu, e se voltou; eis que uma mulher jazia a seus pés." Com ingenuidade masculina, pergunta: "Quem és tu?" – "Sou Rute, tua serva; estende pois tua capa sobre a tua serva, porque tu és o remidor." Boaz, porém, é só o remidor de segundo grau, a sua obrigação com a herança de primo distante incluindo a viúva dele dependendo da vontade de outro parente. Quando este parente renuncia, em base de ponderações materiais, do casamento economicamente pouco sensual, Boaz se casa com Rute, "e o Senhor lhe fez conceber, e deu à luz um filho." Noemi está feliz com o netinho, agradecidamente escutando os parabéns das mulheres: "Ele te será por restaurador da alma, e nutrirá a tua velhice, pois tua nora, que te ama, o deu à luz, e ela te é melhor do que sete filhos.

A graça de beleza feminina – com que Tamar foi bençoada talvez fracamente, Raabe adequadamente à sua profissão e Rute com certeza – essa atratividade se acha na quarta tataravó estrangeira de Jesus, nos dias do rei Davi, de força avassaladora:

Bate Seba banha e sucumbe: "E era esta mulher mui formosa à vista" – a jovem mulher que o rei Davi, andando passeando no terraço da casa real, viu tomando banho no domínio de outro homem. Espontaneamente, o *voyeur royale* manda mensagens para a cerisa no pomar do vizinho; espontaneamente ele se deita com ela que no banho tinha-se purificada depois do seu período e já concebe. Para o fruto do amor impuro aparecer mais legítimo, Davi manda o marido, o Comandante Urias, voltar do frente militar pra casa e quase o coage encontrar a sua esposa. Porém Urias, ou por ascese ou por suspeita, nega e prefere dormir fora da porta, no acampamento. Plano B: "Ponde a Urias na frente da maior força da peleja", Davi escreve a Joabe. "E retirai-vos de detrás dele, para que seja ferido e morra."
E assim o anjo da morte vem encontrando o Urias, e Davi desposa a Bate Seba qua da à luz o filho seu. Não antes que o sábio Natã conta ao rei uma parábola de "uma pequena cordeira" que vive na casa de um pobre "como filha" mas acaba assada na mesa do homem rico (2 Samuel 12:4); não antes que o furor de Davi se acende contra o rico, tanto que ele declara sendo "digno de morte o homem que fez

isso", e não antes que Natã diz "Tu és este homem", o rei confessa e se arrepende. Natã, tomando a posição de Deus, responde: "O Senhor perdoou o seu pecado; não morrerás." Porém, o filho morrerá. E jejuou Davi, e passou a noite prostrado no chão, e só termina a auto-punição no sétimo dia, quando os servos dele ousam dizer que a criança morreu. "Agora que está morto, porque jejuaria eu? Poderei eu fazê-la voltar? Eu irei a ela, porém ela não voltará para mim:" E consolou Davi a Bate-Seba, sua mulher, e entrou a ela e se deitou com ela e ela deu à luz um filho e deu-lhe o nome Salomão.

Quatro mulheres, quatro encontros questionáveis mas férteis: Por que Mateus espalhou o pano de fundo quadrangular dos ancestrais maternais de Jesus antes que colocou Maria no centro dele?

A teóloga católica estadunidense Jane Schaberg enfatíza que todas as quatro prefiguradoras de Maria nasceram não-judias. "Raabe e provavelmente Tamar eram cananéias, Rute uma moabita e Bate Seba provavelmente pertencia ao povo heteu como o marido dela." De acordo com a lei judaica posterior que chegou a ser válida na época de Jesus e baseou a identidade judaica no nascimento por mulher judia, os filhos das quatro mulheres não eram judeus, e contudo chegaram a ser os ancestrais de Salomão."[4] Maria, porém, era judia. Será que Mateus queria insinuar que neste caso em vez da mãe o pai provinha de outro povo?

Jane Schaberg considera que as quatro mulheres imorais tem quatro características em comum;[5] quatro semelhanças que eu, levando em conta a visão do rabino brasileiro Nilton Bonder no seu livro "A Alma Imoral", vou formular com modificações ligeiras:

1. Todas as quatro se encontram fora de estruturas de família patriarcais, lutando contra, e sendo injustiçadas e contrariadas por, as leis do mundo masculino: Tamar e Rute são viúvas jovens sem filhos, conseguindo os seus direitos seduzindo homens mais velhos; Raabe é uma prostituta que consegue resgatar a sua família justamente através da sua profissão dominada *por*, mas também dominando *os* homens; Bate Seba é uma adúltera entre dois guerreiros, e depois uma viúva engravidada com o filho do namorado, avançando a sua herança viva no centro do poder social.

2. Nas suas atividades sexuais, todas as quatro riscam estrago para a ordem social e a própria condenação.

---

4 Schaberg, p.21.
5 Schaberg, p.32-33.

3. Todas as quatro são injustiçadas e contrariadas pelo mundo masculino, mas conseguem transformar relacionamentos depreciados com homens em condições individualmente positivas e protetoras à vida.
4. Nessa tarefa, todas as quatro estão sendo apoiadas, e as suas situações compensadas [*righted*] por homens que admitem culpa e/ou aceitam responsabilidade para com as mulheres.

Daquelas quatro caraterísticas comuns, Schaberg procede às intenções do evangelista: "A menção dessas quatro mulheres destina-se a conduzir o leitor de Mateus a esperar uma outra história final de uma mulher que torna-se desajustada social [*social misfit*] em várias maneiras; mulher que é parte de um ato sexual que a põe em grande perigo; mulher cuja história tem desfecho que conserta o tecido e assegura o nascimento de uma criança que é legítima ou legitimada. Essa criança, Mateus nos diz (1:1), é 'o filho de Davi, o filho de Abraão'."[6]
Porém, existe outro quarteto de caraterísticas: Pudesse-se dizer que os quatro casos de geração ilegítima se juntam para um quadro bem completo de comportamento sexual ilícito: Incesto (Tamar), prostituição (Raabe), sedução calculadora (Rute) e adultério (Bate Seba). O que ainda falta é a forma mais repugnante de encontro sexual ilegítimo: coito forçado.

Gerado em violência
No drama *A Mentsh* [Um Ser Humano] de Joshua Sobol, a moça jovem Sheindl entra em cena com roupa rasgada.

Gebirtig: Sheindl? Que é que aconteceu?
Sheindl: Morta!
Gebirtig: O que?
Sheindl: Um policial me pegou vendendo bagel, me arrastou para um quintal abandonado.
Gebirtig: Pare de falar ... O que importa é que você tá viva!
Sheindl: Tó toda suja.
Gebirtig: Tá toda limpa, Sheindl. Sujo – é ele.
Scheindl: Caso eu engravidar, então ...
Gebirtig: Sou eu o pai. Seu filho é meu filho ...

---

6 Schaberg, p.32-36.

Neste caso, o carpinteiro, poeta e compositor Mordechai Gebirtig é o homem que ajuda a mulher para compensar a sua situação; contudo, a situação de Sheindl difere daquelas de Tamar, Raabe, Rute, Bate Seba tão profundamente quanto no caso da Miriam de Nazaré. Se Miriam tornou-se grávida por um ato de violência romano, como Schaberg assume, as características 1 e 2 não se aplicam a ela: O que ela sofre do mundo masculino, não é por estruturas patriarcais da família; e Miriam não foi ativa, não assumiu risco. Bem possível, porém, ou até provável é que, de acordo com as caraterísticas 3 e 4 de Schaberg, ela também foi apoiada por carpinteiro, criando "condições de proteção de vida" de uma situação que começou com ela sendo "injustiçada" pelas leis violentas do mundo de guerreiros.

Nazaré, pintado pelo artista escocês David Roberts (1796-1864) em 1842.

Nazaré, num dia quente de primavera, ano 4 a.C. As tropas invadiram pouco antes do meio-dia, duas coortes. No fim da tarde, quando saíram de novo, quatorze mulheres e oito meninas ficaram estupradas, das quais cinco meses mais tarde, felizmente, só três estarão com bebê no ventre. Miriam, a noiva de José, foi uma delas.
Assim pudesse tê-lo acontecido.
No seu drama natalino "Bariona ou O Filho de Trovão", o filósofo

16

francês Jean-Paul Sartre deixa falar o seu rebelde: "Soldados vão invadir o nosso vilarejo como no ano passado em Hebron? Eles vão estuprar as nossas mulheres e levar os nossos animais com eles?"[7] Assim também pudesse tê-lo acontecido.

Historicamente e verificável, o que aconteceu é isso:

"É no período da invasão romana da Palestina que os judeus fazem uma importante modificação em sua lei. Até então seguindo uma tradição patrilinear, na qual os direitos, títulos e identidade eram passados de pai para filho, o judaísmo se tornou matrilinear, ou seja, as relações entre uma geração e a seguinte se estabeleciam de mãe para filho. Para um judaísmo calcado em seu texto bíblico patriarcal, esse novo 'correto' para a lei exigia a existência de algum novo 'bom' muito significativo que justificasse uma mudança tão radical e com muitas implicações", explica o rabino Nilton Bonder. A mudança para a matrilinearidade não ocorreu por acaso durante,[8] mas "justamente por conta da invasão romana. Violentas no trato de seus conquistados, as legiões romanas ficaram conhecidas por uma prática comum nas invasões do passado: o estupro. Para o exército romano, o significado simbólico de poder tomar as filhas da nação conquistada era fazer uso dessa nação. A família traída, a usurpação da descendência, os ventres de Israel semeados por outro povo eram um ataque por demais frontal à sobrevivência. Que esses ventres trouxessem ao mundo filhos de Roma era mais do que apenas saquear o presente e obliterar o passado de Israel – era apossar-se de seu futuro."

O antídoto judeu: "A matrilinearidade trazia a solução legal para o status dessas crianças sem pais de Israel e garantia que elas seriam a continuidade de um povo que não se permitia subjugar. Nos casos de estupro, em particular, em que as crianças teriam o status de bastardas, fazia-se necessária uma nova compreensão simbólica da condição."

O problema era os "filhos sem paternidade. Alguém deveria assumir a paternidade desses filhos que, ao contrário de marginais, eram a esperança de transformação de uma situação de tragédia em um milagre. Caberia a D'us – e ninguém menos do que o Criador, o pai de todos – assumir essa paternidade ... Esta é a perspectiva do poder marginal presente na cultura hebraica: o menor, o mais fraco,

---

7   Sartre, J.P.: Bariona ou O Filho do Trovão. Uma Peça de Natal, escrita no campo de prisioneiros da guerra, 1942; segunda cena.

8   Lisa Katz (judaism.about.com/od/whoisajew/whoisjewdescent.htm) asserta que aconteceu antes de 70 d.C.: "Sometime during the Roman occupation and the Second Temple period, a law of matrilineal descent, which defined a Jew as someone with a Jewish mother, was adopted."

o que mais experimentou os rigores da vida e da injustiça, este é, na verdade, o super-homem ... A família adequada ou a conduta correta não produzem o melhor indivíduo da espécie, como o fazem o órfão, a viúva, o estrangeiro, o doente, a prostituta."

Moisés, por exemplo, originou do casamento incorreto, incestuoso de Joquebede com Anraõ, o sobrinho dela; foi resgatado pela desobediênca das parteiras Sifrá e Puá (Éxodo 6:20 e 1:15); boiou na agua para a filha de Faraó, princesa que desobedeceu ao pai por compaixão pela criançã dos hebreus, enquanto a irmã astuta Miriam observou o resgate e se apressou a recomendar uma ama de leite muito apta – a própria Joquebede – , assim fechando o ciclo de cinco mulheres protetoras da vida, cinco como na outra operação Salva-o-Messias que Mateus concluiu com outra Miriam, a de Nazaré. "Cabe à mulher", Bonder comenta, "resgatar a semente, mesmo fazendo uso de estratégias transgressivas à moral vigente para atingir o objetivo." Nesta "perspectiva da preservação, o Messias tem sua representação no imaginário humano como um subversivo, um niilista e um herege ... Em todos os casos, a mulher constrói, pelo erro, a caminhada da humanidade ..."[9]

Para os discípulos judeus e as muitas amigas dele, a origem impura, violenta de Jesus provavelmente era fato bem conhecido e até confirmador. Sendo o filho-estupro dum soldado romano não iria impedir mas reforçar a sua mensagem messiânica de não-violênçia, numa época de violência sexual com que o judaísmo lidou reconstruindo a tradição "na inversão, na traição profunda, que identifica no 'filho de um pai' o 'filho do Pai' [e pela] transgressão original de transformar o filho ilegítimo no filho mais legítimo."[10]

Lucas: Subindo da humildade

A perspectiva de nascimento baixo e importância suprema, de santidade oriunda de origem humilde, é enfatizada neste evangelho ao qual o folclore cristão deve o bebê entre ovelhas, boi e burro. Acompanhante de Paulo, o médico Lucas mostra seu dom para poesia idílica no conto natalino dos pastores ao redor da fogueira que, guiados pelo anjo, "acharam Maria, e José, e o menino deitado na manjedoura" (2:16).

---

9   Bonder 1998, p.88-98.
10   Bonder 1998, p.123 (itálicos: K.Y.R.).

Virginis partus: O parto da virgem na primeira enciclopedia de autoria feminina, o Hortus Deliciarium da Abadessa Herrad de Landsberg (ca.1125-1195): Nascimento mais humilde possível (*Stabulo ponitur qui continet mundum* – no estabuleiro é posto ele que contém o mundo) – e um jovem pai pensativo.

O homem supremo na manjedoura de animais humildes: A predileção de Lucas para tensão vertical ajuda entender o que este autor queria insinuar pelas duas narrações de conçeição bem contrastantes que ele antepus ao contraste Cristo-animal. Na primeira, o anjo Gabriel informa o velho sacerdote Zacarias que a sua esposa idosa vai conceber dele. Na segunda, o mesmo Gabriel profundamente assusta uma jovem mulher, anunciando que ela vai conceber um filho que "será chamado filho do Altíssimo, e o Senhor Deus lhe dará o trono de Daví, seu pai". Apressada, a moça engravidada sai para a montanha. Fuga pós-traumática isso não é; só rapidamente ela sai pra visitar a prima mais velha já gravida, e "ao ouvir Isabel a saudação de Maria, a criancinha saltou no seu ventre". E a idosa Isabel canta o Magnificat, louvando a Ele que "atentou na baixeza [ταρείνωσιν, tapéinosin] de sua serva"; que "dissipou os soberbos" e "elevou os humildes".

Notavelmente, a palavra usada na mais antiga tradução da Bíblia (a "Septuaginta") expressando baixeza, ou melhor humilhação, isto é ταπέινοω ("tapéino-o", baixar, humiliar, enfraquecer),[11] significa em

---

11 Langenscheidt Dicionário de Bolso, Grego Antigo – Alemão, 1990.

Genese (34:2) para Diná, a filha de Lia, como também em Juízes (19:24-20:5) para duas outras vitimas, e igualmente nas Lamentações (5:11) para as virgens de Jerusalém, explicitamente "a humilhação sexual de uma mulher".[12] Diná tinha saída "para ver as filhas da terra: E Siquém, filho de Hamor, heveu, príncipe daquela terra, viu-a, e tomou-a, e deitou-se com ela, e humilhou-a" – crime que acabou num massacre de vingança. No livro dos Juízes, um velho morador de Gibea, com a intenção de proteger o hóspede dele satisfazendo "os homens daquela cidade", vai tão longe como oferecer a eles sua filha virgem, e a concubina do hóspede, e o visitante pegou a concubina, e lha tirou para fora: e eles a conheceram e abusaram dela toda a noite." A carnificina subsequente é homérica em sua dimensão.
O destino da Isabel é o mais feliz possível comparado a aqueles estupros. Na sua aldeia de montanha ela era chamada a estéril. Infertilidade comumente foi entendida como falha da mulher, como punição para pecado (Levítico 20:20-21) ou pelo menos como causada por Deus ter-se "esquecido" duma mulher (I Samuel 1:11).
Por que Lucas preparou a narração da conceição de Maria pelo trajeto baixo-alto da prima bem mais velha? Porque, Jane Schaberg explica, comparada à infertilidade de uma mulher idosa, "a humilhação de uma virgem desposada que foi seduzida ou estuprada e engravidou por outro homem que não fosse o marido, era muito pior ... Em contraste com a humilhação de mulher infértil (veja Isaías 54:1-3; 1 Samuel 2:5), para este tipo de humilhação nunca explicitamente se prometeu reversão."[13] O ventre dessa mulher humilhada por infertilidade iria dar à luz o precursor João Batista; o nascimento do redentor cósmico do ventre da Maria inelutavelmente requiria degrau muito mais profundo de humilhação prévia.
Valor muito mais alto, porém, Lucas atribuiu à linhagem pura e impecável de Jesus: 15 gerações mais longo que o registro de Mateus, mencionando Davi, Boaz, Perez e Juda mas mulher nenhuma, e terminando nos três homens top, i.e. "Sete de Adão, e Adão e Deus". Desta maneira Lucas clarifica que Jesus é Filho de Deus no mesmo sentido que Davi et ceteri, no mesmo sentido que todos os filhos de Adão, e Deus não pudesse ter feito nada mais absurdo que, jeito refrescando o próprio genoma, intervir de novo agora em Nazaré, engravidando a noiva de José na qual a escada inteira fica posta com cuidados notáveis já no verso inicial 3:23: "E o mesmo Jesus

<hr>

12   Schaberg, p.100; cf. p.95 e 138.
13   Schaberg, p.103.

20

começava a ser de quase trinta anos, sendo (como se cuidava) filho de José ..."

Marcos: Jesus ben Miriam

"O seu primogênito é suposto de ser o filho de ...": O que é que essa frase significaria, em contexto antigo ou moderno, para a mulher abordada? Contudo, o que Marcos relata dos vizinhos dela em Nazaré falando sobre ela quando o filho dela começa pregar na cidade, mal é menos ofensivo: "Não é este o carpinteiro, filho de Maria, e irmão de Tiago, e de José, e de Judas e de Simão? E não estão aqui conosco suas irmãs?" (Marcos 6:3).

Visto que na sociedade patriarcal da Palestina costumava-se apresentar cada concidadão masculino de forma "José-ben-Jacó" ou "Simão-bar-Yona", em qualquer caso como Filho-do-Pai, a forma "filho de Maria" é incomum – talvez degradante por intenção também? "Não temos evidência firme", Jane Schaberg admite, que identificar um homem via sua mãe já nos dias de Jesus era "maneira usual de rotular filhos ilegítimos ou de prostitutas. Mas é um princípio legal judaico posterior que um homem é ilegítimo se é chamado pelo nome da mãe dele, desde que bastardo não tem pai."[14] O teólogo alemão Gerd Lüdemann é mais franco e direto: "Historicamente, temos que concluir que a designação de Jesus como 'filho de Maria' já estava sendo usada contra ele na sua cidade de origem. Então a locução deve ser denotada de vaia, pondo o dedo numa ferida a respeito da origem de Jesus."[15] Se estes rumores de vizinhança já tinham-se espalhados até o ano 70 junto com o crescimento da nova fé, não admira que o trecho no evangelho de Marcos ficou sendo a única vez em todos os evangelhos sinópticos que o Filho de Deus é chamado "filho de Maria". Não surpreende que os evangelhos subsequentes corrigem o incômodo "filho de Maria" com minúcia crescente. Mateus (13:55) emenda o texto do primeiro evangelho discretamente, para identificar Jesus corretamente de via paterna. Agora a primeira pergunta do povo "Não é este o *filho do* carpinteiro?" introduz o pai tão elegantemente que a pergunta "filho de Maria" subsequente torna-se plenamente honesta: "Não se chama sua mãe Maria?" Mantendo a forma de pergunta, Lucas (4:22) combate qualquer dúvida remanescente insertando o nome do pai *como-se-cuidava* de forma

---

14 Schaberg, p.160-162; cf. Lüdemann, p.60-61.
15 Lüdemann, p.61.

descomprometida: "Não é este o filho de José?" E o último evangelho de João (6:42) tem a família honesta de classe media baixa reunida numa pergunta só pouquinho desajeitada: "Não é este Jesus, o filho de José, cujo pai e mãe nós conhecemos?"

João: Mas tu es!

Surpreendentemente, este último evangelho, o menos carnal, mais espiritual de todos, escrito quatro gerações depois do nascimento de Jesus, no seu verso 8:41 contém a alusão mais carnal à origem escura do Nazareno, numa discussão com fariseus que escala assim: "Somos descendência de Abraão" – "Bem sei que sois, contudo ..." – "Nosso pai é Abraão" – "Se fôsseis filhos dele, faríeis as obras de Abraão" – "Nós não somos nascidos de prostituição" (*Hýmeis ek pórneias ou gegennémetha*). Quão alheio ao contexto o termo de borda afiada *pórneias*, tão agudamente a auto-afirmação aponta para o que fica omisso: "... mas tu és!" O trecho é delicado o suficiente para produzir uma variedade de traduções: "Nós não somos filhos ilegítimos" (New International Version, 2011); "Nós não nascemos de fornicação (Young's Literal Translation); "Nós não nascemos de imoralidade sexual" (World English Bible). Jane Schaberg resume secamente: "Ao Jesus desafiando a legitimidade religiosa e espiritual deles, os judeus respondem desafiando a legitimidade física dele."[16]

Tomás: O filho da porné

No evangelho não-canônico de Tomás (texto inteiro escrito por volta de 100-110, fragmentos datando de 40-70), o lógion 105 tem Jesus falando: "Ele que conhece o pai e a mãe será chamado o filho de *porné*" (πόρνή, prostituta). Lüdemann comenta: "Aqui Jesus fala sobre si mesmo e o relacionamento especial ao pai e à mãe dele. Sua afirmação provavelmente refere à tradição atrás do verso João 8:41, cujo conteúdo desde o início tem sido direcionado por judeus não cristãos contra o nascimento legitimo dele." O perito renomado dos evangelhos não supõe que o lógion 105 deste evangelho, mencionado já pelos Pais da Igreja primitiva e descoberto só no ano 1945 em Nag Hammadi, relata palavra autêntica de Jesus. "Mas reflete fatos históricos."[17]

---

16 Schaberg, p.157.
17 Lüdemann, p.807.

A estes fatos pertence no primeiro lugar uma família cujo centro feminino era a virgem mãe de Nazaré.

Sua família consertada

Talvez porque Nazaré ficou só quarenta quilómetros ao leste da cidade cujo nome é relacionado com o nome dele, o Pai da Igreja Eusebios de Caesarea sabia algumas coisas sobre a virgem que se tornou mãe de muitos, e padroeira de países. Seu relato começa no ano 62, quando o segundo filho de Miriam, "Tiago, irmão do Senhor" (Gálatas 1:19) tinha sido executado e a comunidade cristã de Jerusalém, até então presidida por ele, tinha que eleger um sucessor: "Depois da morte de Tiago no martírio, e a logo seguinte conquista de Jerusalém, os apóstolos e discípulos ainda vivos do Senhor se reuniram com os parentes físicos do Senhor, porque também uns destes ulteriores eram ainda vivos." Unanimemente eles elegeram como sucessor de Tiago um homem do qual já ouvimos: "Simão filho de Clopas, de quem o evangelho faz menção".

Mais precisamente, é o verso 19:25 de João que une "próximo à cruz de Jesus ... sua mãe, a irmã dela, Maria, mulher de Clopas, e Maria Madalena", em concordância limpa com o Pai de Igreja Papias, nascido no ano 70 e escrevendo até 140 sobre tradições orais; concordante também com o historiador de Igreja Hegésipo quem o Pai de Igreja Eusebios cita assim: "De acordo com Hegésipo, Clopas era o irmão de José" e "um tio do Senhor". As peças do quebra-cabeça caem nos seus lugares se, de acordo com a visão de James Tabor, depois da morte precoce de José, o seu irmão Clopas se tinha casado com sua cunhada viúva Maria num casamento chamado levirato para dar "a seu irmão descendentes" (Deuteronômio 25:9);[18] se, de acordo com a visão convincente de Tabor, os irmãos Tiago, José, Judas e Simão, enumerados em Marcos 6:3, eram todos filhos de Clopas e meio-irmãos de Jesus; e se no trio feminino de Marcos andando para o sepulcro, a saber "Maria Madalena, e Maria, mãe de Tiago, e Salomé", essa Salomé simples, natural e carinhosamente era meio-irmã de Jesus, e irmã daquele Judas cujos netos Tiago e Zocher (Zacarias) o palestino Eusebios, chamado "pai da história da Igreja" (~260-340) honra assim: "Sob a ordem de Domiciano de executar os descendentes de Davi, de acordo com um relato antigo uns here-

---

18 Hegésippo em Eusébio, Historia Ecclesiastica 3.11; 4.22 (unifr.ch/bkv/kapitel50-21.htm; cf. Tabor, p.105; Wikipedia, artigo "Klopas").

ges denunciaram os descendentes de Judas, o irmão natural do nosso Salvador, dizendo que eles eram da linhagem de Davi e parentes de Jesus. Hegésipo relata literalmente: 'Da família do Senhor, eram ainda vivos os netos de Judas, que foi chamado irmão natural do Senhor. [Durante o interrogatório] responderam que o patrimônio deles consistira num campo de apenas 39 tarefas que lavraram ... comprovando pela dureza da sua pele e os calos nas suas mãos devidos ao trabalho duro deles que foram trabalhadores manuais ... Depois da sua libertação conseguiram, sendo confessores, posições de liderança na Igreja", comunidade que na leitura do historiador judeu Hans-Joachim Schoeps significa "congregações na Galiléia" durante a época desde o imperador Domiciano (81-96) até Trajano (98-117).[19]

O ostracismo do avô deles começou na volta do ano 80. Enquanto Marcos (**6:3**) enumera os quatro irmãos de Jesus como "Tiago, José, *Judas* e Simão", Mateus (**13:55**) expressivamente o desloca ao fim: "Não se chama sua mãe Maria, e seus irmãos Tiago, e José, e Simão, e Judas?" Nos dois evangelhos, a lista dos apóstolos (Marcos 3, Mateus 10) contém só um Judas, nomeadamente o Iscariotes. Lucas porém, e por razões, no verso 6:16 distingue literalmente um "Judas *de Tiago*" (irmão ou filho dele?) e um "Judas Iscariotes, que se tornou traidor" (*Ioudan Iakobou kai Ioudan Iskarioth, hos géneto prodotés*).

João não fornece lista dos apóstolos. Mas este que "o havia de entregar" no seu evangelho e que nos três evangelhos anteriores figurava como irmão de Jesus e irmão ou filho de Tiago, aqui é chamado "Judas Iscariotes, filho de Simão", manifestando o segundo marido de Maria, Simão bar Clopas, como radicalista, se assumimos que o termo Iscariotes é derivado dos "sikarii" militantes.

E Paulo, o autor primeiro e principal do Novo Testamento? Ele assegura aos Coríntios (1,15:5) que o Cristo ressurgido primeiro "foi visto por Cefas, e depois pelos doze" – i.e. todos incluindo Judas. Também o "Evangelho de Pedro" mencionado já pelo bispo Serapião em 200 d.C., deixa o Judas na companhia. Um fragmento deste evangelho, descoberto em 1886 no sepulcro dum monge egípcio, termina assim: "Agora estava o último dia do pão ázimo, e muitos se foram embora, voltando para suas casas, desde que a festa terminou. Mas nós, os doze discípulos do Senhor, choramos e ficamos entristecidos:

---

19 Schoeps, Hans-Joachim, p.30; Eusebios, Historia Ecclesiastica, 3:19-20. Os nomes dos netos de Judas são mencionados pelo historiador da Igreja Filipe de Side (ca. 380-431).

e cada um, aflito com o que aconteceu, partiu para sua casa ... "[20]
No final do dia, no caso do paradigmático traidor do mundo ocidental os teólogos conservadores têm que assumir quatro pessoas. Todos os evangelhos têm o nefasto Judas Iscariotes quem João (6:71) chama "filho de Simão"; Judas o irmão de Jesus é apresentado por **Marcos (6:3) e Mateus (13:55)**, enquanto **Lucas (6:15)** adiciona um Judas "filho de Tiago" enquanto o texto grego original só fala de "Judas de Tiago" que de verdade era o irmão de Tiago.[21] O quarto é o autor da epístola sem dúvida canónica de Judas, completando um quarteto que Maccoby comenta com humor britânico: "A proliferação de Judases é mesmo um fenómeno curioso."[22]
Após dois milênios de perseguição, também no caso deste Judas Perfidas os próprios evangelhos e outras fontes altamente reputadas revelam uma história bem diferente de um irmão confiável, um filho muito humano de Simon Clopas e a Mãe Miriam, um avô dos bisnetos dela e membro honesto da sua família.

Os advogados fracos da Miriam

Nos seus textos escritos por volta do ano 197, o Pai de Igreja norteafricano Tertuliano, filho de militar romano ele mesmo, ataca asserções judaicas alegando que Jesus foi o filho de uma prostituta (Quaestuariae Filius; De Spectaculis 30:6). Tertuliano, inimigo do teatro e crente de tortura infernal eterna, acalmou sua raiva imaginando como um dia Jesus iria punir os judeus pela calunia: "Eu ... prefiria dar uma olhada insaciável àqueles que deram largas da sua raiva ao Senhor. 'É isso ele,' eu direi, 'o filho do carpinteiro e a meretriz ... É isso ele quem vocês compravam de Judas, é isso ele que foi espancado com a cana e o punho, sujado de saliva.'"
O Pai de Igreja italiano Orígenes (185-254), que enfatizou a humanidade de Jesus e contestou a doutrina de Tertuliano sobre o inferno eterno, sentiu-se obrigado a responder pelo menos à mais conhecida e filosoficamente qualificada destes ataques tipo "filho de puta não de Davi": àquela citada na obra comparativa de culturas escrita pelo renomado filósofo Celso por volta do ano 178, criticando judeus e cristãos. As últimas cópias desta obra foram queimadas depois do

---

20 Maccoby 1992, p.88.
21 Lüdemann (p.373; 38-39) considera estes nomes (como em Marcos 3:16-19) históricos; de fato, Judas não era filho mas irmão de Tiago. .
22 Maccoby 1992, p.175.

estabelecimento do cristianismo como religião oficial, mas as asserções do autor foram preservadas no texto polémico de Orígenes, *Contra Celsum*.[23] A respeito de Maria, o cético Celso relatou que ela era "uma pobre mulher rural que ganhava a vida fiando". Quando essa mulher foi corrompida ou seduzida e engravidou por outro homem, um soldado de nome Panthera (1:69), ela "foi expulsa pelo carpinteiro com que estava desposada, desde que foi condenada por adultério" (1:32) Perambulando abandonada, deu à luz o filho dela em segredo, escreve Celso não muito diferente de Mohammed na sua Sura 19, onde Miriam se retira para um lugar remoto e entra em trabalho de parto sob uma támara, à beira de riacho.

As respostas de Orígenes são ambíguas. Primeiramente, ele relata como opinião que "todas essas coisas se harmonizam com as profecias de que Jesus é o Filho de Deus (1:28). Orígenes parece aceitar o retrato que Celso apresentou de Jesus e Maria como os excluídos por excelência, concedendo tudo, menos a conclusão que a pretensão de Jesus de ser Deus não seja confirmada. Tudo do que a mulher fiandeira não dispunha – ascendência nobre, pais distintos com os meios necessários para dar ao seu filho boa formação – tudo isso era só o fundo escuro que deixou a aureola de Jesus brilhar mais clara. Jesus, "com todas essas coisas contra ele", contudo foi capaz de agitar o mundo inteiro (1:29). A sua reputação é vitoriosa sobre "todas as causas que alvejaram faze-lo cair no descrédito."

No trecho 1:32, porém, Orígenes (talvez por medo da própria coragem?) toca no trombone para contra-ataque: "Deixem-nos ver se aqueles que cegamente confeccionaram essas fábulas sobre o adultério da Virgem com Panthera e o carpinteiro que a rejeitou ... não as inventaram para distorcer a Sua conceição miraculosa pelo Espírito Santo: porque pudessem ter falsificado a história de maneira mais jeitosa ... sem admitir contra sua vontade, que Jesus não nasceu de casamento normal humano ordinário." As invenções pudessem ter sido diferentes, isso é, mais prudentes, porque "não é razoável", Orígenes argumenta, "que Ele que fez tanto para a raça humana não tiver tido nascimento miraculoso, mas sim o mais ilegítimo, mais vil de todos" (1:33; cf. 6:73). Orígenes, bem conhecido pela sua crença na pré-existência das almas, continua perguntando se não fosse muito mais razoável "que uma alma, quando estar sendo inserto num corpo

---

23   Giuliana Lanata (ed.): Celso. Il discorso vero. Milano 1987, p.10-13 (citado aqui da página de Wikipedia "Kelsos"); cf. earlychristianwritings.com/text/origen161.html.

26

de acordo com certas leis secretas, escolherá a sua moradia de acordo com dignidade e conforme o seu caráter anterior?" A grande alma de Jesus "mereceu um corpo de acordo com o seu caráter; enquanto duma "junção criminosa" como aquela entre Panthera e a virgem só pudesse provir "um tolo" em detrimento da humanidade, um professor de maldade (1:33; cf. 6:73).

Boa advocacia soa diferente. Recorrendo para dedução supernatural com o fim de contrariar os rumores sobre a natureza terrestre de Jesus, Orígenes mais reflete do que rejeita a difamação judaica que alega a esquisitice de Jesus sendo causada por sua conceição impura. De acordo com o Toledot, seus professores jogaram um papel decisivo no desenvolvimento pessoal deste adolescente sensivel galileu, confrontando ele com a maneira de que o seu corpo foi produzido.

Toledot Yeshu: Bastardo ousado, expulso da escola

"Ze sefer toledot Adám" – Este é o livro das gerações de Adão": assim começa o quinto capítulo de Génesis, e já o título deste livro dos "Toledot Yeshu" parece ser ironia amarga contra um rabino estranho, apresentado pelo duvidoso Paulo como o Adão segundo (Romanos 5). Celso conhecia o Toledot com certeza, Martinho Lutero o desprezou como afronta judaica, Diderot mencionou o livro na sua Enciclopédia,[24] Pinchas Lapide reconhece nesta "denigração anti-cristã" um esquema "tão desajeitado como nos embelezamentos dos evangelhos"; mas não obstante Lapide admite que este retrato polêmico judaico pudesse remontar às tradições orais do primeiro seculo.[25] Jane Schaberg assume um ponto de partida até mais cedo: "É provável que a base desta tradição provém da família de Jesus, provavelmente de Maria ou dos irmãos e das irmãs de Jesus." Boatos se espalham rapidamente, por favor não divulgue, em cidades pequenas como Nazaré, com no máximo 400 habitantes na época. "Se a história de como e quando Jesus foi concebido era tradição da família, é inverossímil que foi comunicada para muitos. Mais provavelmente teria sido mantida secreta. Mas vazamento e rumores eram possíveis, particularmente na cidade de origem, e a divulgação é bem imaginável durante a atividade pública de Jesus e depois, particularmente dos lábios daqueles que não aceitaram as reivindicações

---

24 Weiss, John 1997, p.23 (Luther) e 41 (Diderot).
25 Lapide 1974, passim.

que Jesus fez ou que os seus discípulos fizeram a respeito dele."[26]
Não aceitado: é exatamente isso que, de acordo com o Toledot, o jovem Jesus era. Num lado, o adolescente nazareno sem dúvida alguma era bom aluno – talvez porque "susto precoce" é muitas vezes "compensado por disciplina exagerada e alto grau de desempenho?"[27] No outro lado, infelizmente, ele obstruiu a sua carreira possivelmente normal por gafe e tolice, como falta de reverência e uma ousadia desafiadora aos professores honoráveis dele. Isso também iria encaixar-se aos sintomas caraterísticos de criança não desejada, cedo traumatizada e verbalmente excluída.

O Toledot começa com o nascimento dele. "Miriam deu à luz um filho e o chamou *hoshua*, isso é Josué, lembrando o nome do irmão da mãe dele. Porém, quando *kilkulo* foi revelado, isso é a mancha do nascimento dele, ele foi chamado Yeshu, isso é Jesus. E sua mãe o deu num *Bes Hamedras*, isso é uma casa de estudo, e ele aprendeu ... e tornou-se muito sábio na Torá e no Talmude." Problema surgiu do costume que entre os estudiosos avançados "nem um Bachor [estudante] nem um jovem pode encontrar os velhos mestres com a cabeça descoberta, "mas tinha que estar com cabeça coberta *ki avél*, isso é como em luto, os olhos fixados ao chão." Um dia, imagina, no portal da yeshiva, este aluno inteligente passou aos professores reverendos "de pescoço ereto e cabeça nua e não rezou para a paz de cada um deles".

Impertinente! Quando um dos mestres o censura, o estudante Hoshua até ousa marcar mais um ponto dando uma interpretação atrevida, não-hierárquica da Escritura: "Como pode Moisés ser o maior de todos profetas se ele mesmo pediu conselho a Jetro?"

O jovem rebelde Hoshua pagou caro pelo desaforo. "De onde vem", os mestres resmungam, "que ele faz frente a nós? Vamos investigalo!" Por ouvir dizer, examinando e indagando eles apuram detalhes agravantes. Um colega, o rabino Shimeon ben Shetach, ainda sabe algo de Yohanan, o então noivo de Miriam. Este Yohanan, o rabino dele lembra, um dia de manhã tinha contado a ele o que tinha acontecido à sua noiva na noite passada: Como um dos vizinhos dela, o lascivo Joseph ben Pandera, tinha entrado na casa dela bêbado, na escuridão tinha fingido ser o noivo dela, e importunado ela, embora que dizendo "Não me toque, tenho menstruação" ela tentou recusar-se, em vão. Quando mais tarde dessa noite, pouco depois da meia-

---

26   Schaberg, p.153-155.
27   Janus, p.49.

noite, ele mesmo, o Yohanan, bateu à porta da sua noiva também, deslumbrada Miriam tinha respondido: "Isso não era o seu costume desde que estou desposada com você, que vem me visitar duas vezes numa noite." Semanas depois, ficou visível que ela era grávida e os dois noivados tinham sido traídos como Alcmena e o seu marido Anfitrião. Enquanto o esposo de Alcmena adota o filho ilegítimo, quer dizer o filho forte do deus Zeus e futuro herói Heracles, o coitado noivo de Miriam, envergonhado, foge para a distante Babilônia, como lembra Shimeon ben Shetach. Agora que "o ato vergonhoso tinha virado público" o filho adolescente de Miriam tinha que deixar a sua cidade de origem Nazaré de imediato.[28]

O fato que o rabino Shimeon ben Shetach vivia no primeiro século antes de Cristo não rende o Toledot inteiro inconfiável. Travers Herford enfatiza a figura recorrente de um estudante rebelde Jesus e o seu tratamento duro pelos mestres seus nos poucos e questionáveis trechos do Talmude que mencionam Jesus. Confiável parece pelo menos um certo rabino Eliezer, que disse que "conversou com um discípulo de Yeshu ben Pandira". Eliezer foi estudante do rabino Yohanan ben Zaccai, que "com certeza tem que ter visto e ouvido Jesus."[29]

Pantera, predador

Como aconteceu que o bêbado, que fala o idioma aramaico bem o suficiente para Miriam permitir-lhe entrar na noite, era conhecido pelo nome romano de um predador felino?

Historiadores cristãos continuaram interpretando "Pantera" como derivado do grego "pártenos" (virgem), quer dizer como um ataque judaico contra a conceição virginal – apesar de que já no ano 1859, trabalhadores alemães de construção se depararam com evidência bem dura: a lápide de um soldado romano, com o efeito que a virginalização de Pantera "não vai resistir mais".[30] Porque aqui foi escavado, usando ferramenta do primeiro século a.C., o nome exato mencionado por Celso, pelo Toledot e o Talmude nos séculos II a IV. Jane Schaberg resume o estado presente da ciência: "Pantera foi um nome próprio grego bem comum, achado em muitas inscrições latinas do Império Romano precoce, particularmente como sobrenome

---

28 Callsen et al., p. 41-49.
29 Travers Herford, p.52-53 e 352.
30 Nicholls, p.14.

de soldados romanos. Uma inscrição encontrada numa lápide na Alemanha, por exemplo, menciona um arqueiro de Sidom, Tiberius Julius Abdes Pantera, que foi transferido em 6 d.C. da Síria."[31]

Apenas cinco milhas distante de Nazaré, a cidade antiga helénica de Sepphoris (Zippori) foi destruída por tropas romanas no ano 4 a.C., numa resposta a uma insurreição liderada por Judá ben Ezequiás contra os Herodianos pro-romanos depois da morte de Herodes, o Grande. Os historiadores Horsley e Silberman lançam luz sobre a queda de Zippori:

No Março do ano 4 a.C., o Rei Herodes, com 69 anos de idade, dependente de Roma e nunca aceito por muitos judeus por causa da origem eduméia dele, não tinha resistido mais à doença longa dele. Seu filho e sucessor Arquelaos reagiu às revoltas imediatas com toda dureza. Sua cavalaria massacrou milhares de peregrinos ao templo de Jerusalém no tempo da Páscoa. Mas quando a notícia sobre a rebelião em Jerusalém se espalhou, líderes messiânicos surgiram em todas as regiões, cada um esperando ser ele proclamado o novo rei. Núcleos de rebeldia formaram-se em aldeias de Judeia. "Na Galileia, um certo Judá, filho de um líder de bandidos famoso executado anos antes por Herodes, levou os seus seguidores num ataque raivoso através das ruas de Sepphoris, invadiu o armazém de armas bem sortido e tirou tesouros como também mobiliário de luxo do palácio do governador. Os romanos reagiram com a dureza expectável. O governador da Síria, Quinctilius Varus, partiu imediatamente com duas legiões para o sul, apoiado pelas tropas mobilizadas das cidades helenistas e dos outros príncipes leais da região. No outono, o exército romano já tinha penteado muitas das cidades e aldeias do país, estuprando, matando e destruindo quase tudo que veio a seus olhos. Na Galileia, os centros da rebelião foram suprimidos brutalmente; a cidade Sepphoris, na mão dos rebeldes, queimada e todos habitantes vendidos como escravos."[32]

Assim o comandante romano Publius Quinctilius Varus extinguiu o fogo da rebelião com sangue, crucificando 2000 judeus em toda a Palestina. Tendo achatado Zippori e derrotado os rebeldes judeus, ele iria sofrer a própria derrota 13 anos depois nas florestas sombrias da Alemanha. Será que Pantera, vivendo a quarta década da sua vida, agora estava fugindo aos guerreiros germânicos em vez de estuprar moças judias? Pudesse o pai de Jesus ter sobrevivido a derrota de

---

31 Schaberg, p.167.
32 Horsley/Silberman, p.18-20 (cf. Carroll, p.83).

três legiões saudável o bastante para continuar servindo ao exército, bebendo vinho da Mosella, morrer de 62 anos e acabar enterrado com honras militares? Tem importância alguma se mereceu as honras ou, por coincidência estranha, justamente ele entre as centenas de Panteras nas legiões romanas (já em 1906, Adolf Deißmann confirmou 6 Panteras só no primeiro século) teve sido o pai deste Jesus que nunca conhecia? Seja como for, James D. Tabor[33] pormenoriza alguns indícios confirmando pelo menos as pistas-Pantera de Celso e o rabino Eliezer:

- Epifânio (~320 – 403), o bispo zelosamente ortodoxo nascido em Beit Guvrin ao sul de Jerusalém, imputa certa credibilidade à tradição Jesus-ben-Pantera, contudo vendo o "Jacob Pantera" como avô de Jesus.
- Abdes é a forma latinizada do aramaico *ebed*, significando "servidor de Deus"; os sobrenomes Tiberius e Julius são *cognomina* que ele obteve em anos posteriores, evidenciando que ele não foi cidadão romano por nascimento, mas talvez escravo liberado a quem foi dado a cidadania pelo imperador Tibério, devido ao seu serviço militar.
- Sua região natal de Sidom (ao que Jesus deu visita breve de acordo com Marcos 7:24) fica a menos de 50 milhas de Sepphoris e 60 milhas de Nazaré;
- Sua coorta de arqueiros foi transferida no ano 6 d.C. para Dalmacia e no ano 9 para a região entre os rios Reno e o seu afluente Nahe.

De qualquer modo, Nazaré e Miriam eram dentro dum foco histórico de ataques estupro romanos. A tese Pantera de James Tabor não explica como a vítima conheceu o nome do estuprador. Violadores não costumam ser bons narradores. Mesmo assim, o libanês falou a língua de Maria; os seus camaradas podem tê-lo chamado de nome; como porta bandeira ele se destacou vestido de "pantera" pelo menos nos desfiles; talvez já era notório na aldeia de umas centenas de habitantes. O Pantera de Bingerbrück com certeza conhecia se não Maria, pelo menos a região, e olhava para trás a uma vida longa na legião quando, pouco depois do Filho do Homem matado pela legião, fechou seus olhos nas margens do rio Reno.
Estranha coincidência, se o pai de Jesus realmente teria morrido e sido enterrado exatamente no pais onde mais tarde o Martinho Lu-

---

33   Tabor, p. 86-94; Adolf Deißmann: Der Name Panthera. Em: Orientalische Studien, Gießen 1906, p.871-875 (citado por Tabor, p.429 e no seu site da internet).

tero suspirou numa conversa de mesa: "A destruição de Jerusalém foi cruel e lamentável. Mas até para Deus foi demais ver o seu filho único crucificado fora da cidade."[34] Mais estranha ainda se o seu pai físico ter acabado sua vida de estuprador e crucificador exatamente no país onde a destruição do povo judeu foi planejada e realizada com todo o desejo para justa punição que a crucificação do inocente tinha suscitado por mil anos.

À esquerda e no centro: Locação Bingerbrück (região do lugar romano Bingium) à beira do Reno: Lápide do legionário romano TIBerius JULius ABDES PANTERA [de] SIDONIA, [falecido] ANNO LXII [62 anos de idade], STIPENdio XXXX MILITIS [em serviço há 40 anos], EXS [Exsignifer, antigamente porta bandeira?], COH I SAGITTARIORUM [coorta I de arqueiros] H·S·E [Hic Situs Est, aqui jaz].
À direita: Locação Bonn (60 milhas ao norte de Bingerbrück): Lápide do Ibero PINTAIVS PEDILICI Filius, SIGNIFER CHO·V·ASTVRVM ANNO XXX STIPendio (porta bandeira da coorte 5 de Asturianos, em serviço por 30 anos). Como cabe a um porta bandeira, ele é vestido de pele de predador, a cabeça do animal cobrindo o seu elmo, as patas dianteiras cruzadas sobre seu peito.

Lapide supõe que José também morreu na cruz dos rebeldes. "Não podemos excluir que José pertenceu àqueles partidários que se afili-

---

aram ao movimento de liberação liderado por Judas o Galileio até que o General Varus as dispersou, destruiu as casas deles e mandou crucificar 2000 deles – quando o filho de José ainda era menino."[35]
Na minha visão, não podemos excluir também que Maria nestes anos terríveis – Varus fiz retaliação no ano 4 – foi traumatizada duas vezes pelos romanos que a deram gravidez forçada e a roubaram o noivo. Dobra razão para Clôpas, o irmão de José, casar-se com ela e tornar-se pai destes filhos que os vizinhos nazarenos enumeram em **Marcos 6:3**: Tiago, José, Judas, Simão, e não estão aqui conosco suas irmãs? David Flusser também assume que José morreu cedo, "talvez faleceu quando Jesus ainda era muito jovem". O historiador judeu constata que "parece ter existido certa tensão entre Jesus e sua família." Aparentemente, este fato psicológico "cuja razão não sabemos" tinha exercido certa influência na sua decisão pessoal e "tão altamente importante para a humanidade".[36]
Procurando as razões para Jesus tão audaciosamente ter riscado – ou até subconscientemente buscado – a crucificação, temos só uma fonte: as suas afirmações respeite a si mesmo.

Palavras expressivas do filho intruso

No ano 1993, o teólogo canadense William Nicholls anotou: "Mesmo se Jesus realmente foi concebido como filho de soldado romano, particularmente como resultado de estupro ou sedução, isso não o fizesse ilegítimo de acordo com a lei judaica, desde que nasceu de mãe judia e não como fruto de adultério ou casamento proibido."[37]
Quando um ano depois a colega de Nicholls, Jane Schaberg, defendeu a tese que Jesus provavelmente foi o produto de estupro sofrido por Maria, ela dificilmente pudesse ter-se exposta de modo mais solitário dentro dos círculos teológicos predominantemente masculinos. Um dos poucos que ousaram apegar-se a ela e defende-la foi Donald Capps: "O que eu percebo acontecendo aqui é uma forma pouco sutil de humilhação verbal. Schaberg está sendo avisada pelos colegas dela no campo do Novo Testamento que transgrediu uma linha que melhor não deveria ter ultrapassada, que, de fato, ela cometeu um ato indecente. Obviamente, os críticos não percebem a ironia presente nisso, porque isso é precisamente o assunto do livro dela:

---

35 Lapide 1988, p.102.
36 Flusser, p.23.
37 Nicholls, p.15.

a humilhação de uma mulher e o poder de um sistema patriarcal na proteção dos interesses próprios."[38]

Precisamente também, isso é a forma sutil, acadêmica, verbal de que os guerreiros romanos fizeram à Miriam fisicamente. O que isso significa mentalmente para as crianças produzidas colateralmente é uma questão que pudesse ser respondida por milhares de crianças que entretanto são adultos na Bósnia: souvenirs vivos de Panteras modernos de cáqui e Kalashnikoff, machos que tiveram aplicado "estupro único, de grupo e contínuo"[39] como método sujo de limpéza étnica. Aqueles felizes destes bebês forçados a existir que não foram matados logo depois do nascimento, foram criados, de acordo com um estudo de UNICEF, como "população escondida ... particularmente vulnerável", ou em orfanatos ou "em casa" pelas mães. "Numa família, a criança foi coagida a compreender a própria vida como um erro" e tinha que apresentar-se a hóspedes confessando: "Eu sou o produto da violação da minha mãe." No filme de guerra "Um Rapaz de Filme de Guerra" (2004), Alen Muhic é mostrado brincando alegre com os colegas da sua turma e engalfinhando-se com o seu pai adotivo, e também conta como ele reconheceu a sua origem real por um colega falador, como correu para o seu "pai" imediatamente e como este homem honesto revelou a verdade ao seu filho adotivo.

O que o filme não transmite é quão ferido Alen fica quando os vizinhos de repente o chamam "Pero" – nome sérvio – e quão desperadamente ele tenta encontrar a sua mãe que, porém, o rejeitou rudemente.

O que o filme não conta é a tentativa de "Pero" de cometer, por causa da rejeição e o contínuo mobbing na sala de aula, suicídio.

O que não se mostra é como ele ficou chorando por dias e fazendo arruaça na casa dos pais adotivos. Não se mostra como ele gritou para a mãe social: "Por que você me enganou? Você disse que me carregou aqui!" – apontando para o ventre dela.[40]

O ventre da mãe adotiva, não a estuprada. O que é que vítimas sentem? Nada traumatiza mais do que estupro, psicologos explicam. "As vítimas na maioria vivenciam o crime não como ato sexual, mas como forma extrema e humilhante de violência contra sua pessoa e seu corpo, ligada com forte medo de morte", a sociologa militar Ruth Seifert constata.

---

38 Capps, p.125 (itálicos: K.Y.R).
39 Classificação por Human Rights Watch, citada em: "Sie wollten uns zerstören, aber wir haben überlebt", SZ-Magazin, Süddeutsche Zeitung, 10/2013.
40 George Jahn, AP: "Leben mit der grausamen Wahrheit", em: Südwestpresse Ulm, 25 de maio, 2005.

34

"Eles queriam que nós derem à luz bebes sérvios", diz Enisa. "Queriam nos destruir. Mas nós sobreviviamos". A Corte Internacional de Haia classificou os estupros como tática de guerra. E os táticos sabiam como homens funcionam. "Em qualquer briga meu marido me censura por ter deixado eles estuprar-me", Amra diz. "Quando do nosso casamento, ele disse que eu não sou culpada e ele pode viver com isso. Mas não pode."Asmira achou uma médica disposta a matar a criança no ventre. Nos primeiros anos após a guerra ela três vezes tentou suicidar-se e repetidamente foi internada na psiquiatria.

Angelina Jolie produziu seu filme *No País do Sangue e Mel* com elenco completamente nativo. "As mulheres da Bósnia são muito contente com este filme", diz Enisa. "Eu não odeio os sérvios. Eram meus vizinhos, um deles me prendeu, um deles me resgatou. Mas não aguento a gente ... falando tipo 'não façam ondas, faz muito tempo'. Reconciliação só é possível quando a gente compreende que essas coisas aconteceram e que os efeitos destes atos continuam."[41]

No caso do filho da Miriam continuam há 2000 anos.

Qual relacionamento uma mulher engravidada por estupro pode ter com o filho do estuprador?

Se confiamos à narrativa do Toledot, podemos concluir que Miriam se importou com a boa formação do seu filho que ela não rejeitou, pelo menos não asperamente. Aparentemente ela o amava, se apegava a ele, apesar de todas as memórias más do início. Contudo, como é que ele, o filho dela, experienciou o prazo entre concepção e nascimento enquanto o seu corpo pequeno crescia de duas até duas trilhões de células?

A ciência moderna tem provado com evidência irrefutável que já no estágio de embriões percebemos os sentimentos das nossas mães; que todos nós carregamos dentro de nós o julgamento de ser bemvindo ou rejeitado, convidado ou intruso; o julgamento que vai moldar o processo da nossa vida.[42] Tendo crescido por nove meses longos para dentro deste "rejecting womb"[43] da mãe, como ouvintes literalmente *em-páticos, in-tuitívos* dos medos e lamentos, das batidas do coração dela, como *parti-cipantes* de tudo que ela tem que *en-golir*, crianças indesejadas começam mostrando comportamento conspícuo logo que nascem. Nesta fase, cada terceira das mulheres se arrepende de

---

41 Ruth Seifert, Enisa, Amra, Asmira (e Yael Danieli, p.97) em: „Sie wollten uns zerstören, aber wir haben überlebt", SZ-Magazin, Süddeutsche Zeitung, 10/2013.
42 Häsing/Janus, p.117.
43 Respeito a este "útero rejeitador"; cf. Kafkalides, Athanassios: The Knowledge of the Womb. Heidelberg 1997 (citado por Janus, p.17).

não ter abortado o que cresceu dentro dela. Muitos pais de crianças indesejadas são inclinados a maltratá-las "por raiva e desamparo" – ou a cuidar excessivamente dos seus filhos para compensar as auto-repreensões depois de sentimentos intensos de ódio. Entre os colegas de turma, os indesejados frequentemente são considerados desviantes ou covardes ou, contrariamente, como perigosamente atrevidos. Crescidos, os indesejados sofrem constantemente de problemas de relacionamento, são desajustados sociais, com taxa dupla de criminalidade e não raramente por toda a vida incapazes de ser feliz.[44] Tendem ao abuso de álcool e drogas, mas também a esportes com risco de vida, por exemplo paraquedismo ou motociclismo, o que não surpreende visto a geralmente maior frequência de suicídio dentre eles. Escaneamento ultrassom moderno pode visualizar – como provou a cientista estadunidense Jeanette di Pietro – as reações distintas dos pequenos seres humanos intra-uterinos já quando de pensamentos pesados passando pela mente da mãe circundante.[45] Como pudesse ser que crianças não perceberem tais emoções à sua volta? Como as frutas indesejadas no ventre não tentarem a entender a sua existência supérflua? Quantos pensamentos deprimentes passaram pelo cérebro, coração e ventre de uma moça estupro-engravidada de Nazaré? Quantos destes pensamentos, choros, suspiros, gritos o bebê dela tinha entreouvido, e como eles informaram os sentimentos, atos, ensinamentos do adulto? Qualquer criança, diz Francoise Dolto, está obrigada a lidar com as feridas da mãe dela; "ela carrega essa dívida adquirida durante o período prenatal unido." Do fato que "*in utero*, tão cedo quanto no sétimo més da gravidez, a criança começa sonhando", Anne A. Schützenberger conclui que a mãe "pudesse transmitir os seus sonhos ao nascituro" enquanto este pudesse ter acesso ao inconsciente dela.[46] No outro lado, mães traumatizadas podem dar aos seus filhos tanto mais de força, agora mais do que nunca. Um estudo bifásico de Alexandra Piontelli com mulheres grávidas e depois com os filhos delas mostrou: "As fantasias, esperanças, emoções de uma mãe para com o feto no útero afetam a vinda do infante para este mundo e suas modalidades de ser."[47]

44 Artigo "Ein Leben lang unglücklich", Augsburger Allgemeine ca. 1991; cf. os estudos de Gerhard Amendt e Michael Schwarz, como também estudos checos e suecos descritos em Janus, p.111-112.
45 Alberti, p.76.
46 Schützenberger, p.32 (Dolto) e 145.
47 Piontelli, From Fetus to Child, London 1992, p.1-25 (cit. por Schwab, p.141).

Isso significa que mães já dão ordens pré-natais aos filhos seus? Na sua *Análise do Destino*, o médico judeu Leopold Szondi escreve que "cada ser humano vem pra este mundo com um plano de vida que, sob a orientação de elementos herdados escondidos, determina os nossos atos que inconscientemente formam o nosso destino."[48]
Isso vale também para a vida e o fim fatal de Jesus?

Durante os anos 1970, na Alemanha manifestantes para aborto legal usaram a rima sombriamente intuitiva "Se Maria fizer aborto, na cruz Jesus não tiver morto". Podemos tentar intuir, só da sua fala autêntica, os pensamentos e motivos daquele filho da moça nazarena, passando todas as palavras imputadas a ele pelo filtro de ciência histórica crítica. Apenas quinze porcentos do discurso direto de Jesus nos evangelhos passam as peneiras de Gerd Lüdemann como palavras autênticas. Esse extrato do que Jesus carregou dentro de si e proferiu pra fora é como os cacos de um vaso quebrado, deixando nós comparar as gravações no vaso com os sentimentos proferidos por crianças de épocas e mães posteriores. Eu vou classificar essa manta de retalhos emocionais respeito a três assuntos: (1) a vida (aceitação, confiança, alegria de viver); (2) a sexualidade; (3) o pai.

1. Vida. Alfred Adler escreveu em 1937: "A criança deveria perceber a sua entrada no mundo como convite gentil. Uma criança que não se sente convidada gentilmente, vive como num país estrangeiro."[49] Tal criança "não pode chegar aos outros", a terapeuta americana Barbara Findeisen disse em 1997; esta criança "não consegue achar um lugar na terra ... e não pode instalar-se". Ninhos e cavernas são arquétipos de aconchego pré-natal para os menos aconchegados.

> *"As raposas têm covis, e as aves do céu têm ninhos, mas o*
> *Filho do homem não tem onde reclinar a cabeça."*
> **(Mateus 8:20; Lucas 9:58; Tomás 86:1-2)**

Barbara Findeisen fala sobre a "melodia da vida" que aprendemos no ventre. Se essa melodia só sussurra *piu triste* e *ritardando* porque o que falta é o sentimento de estar bem-vindo, os fragilmente ligados "serão bem tímidos nos seus relacionamentos". Porque cada separação relembra a dor da criança de sentir-se abandonada, cada amor

---

48 Szondi, p.20.
49 Levend/Janus, p.112.

infeliz do adulto "mistura-se com todo o desespero da criança que fomos uma vez"; dessa criança que por toda sua vida nunca mais quer "impor-se" a alguém, ser o "peso" oneroso de alguém – como este filho sentiu-se num útero aconchegante-rejeitante.[50]

> *"E quando os seus ouviram isto, saíram para o prender;*
> *porque diziam: Está fora de si."* **(Marcos 3:21)**

Frequentemente, os impostores indesejados carregam "um sentimento de culpa por haver nascido afinal". No seu ensaio "A Criança Indesejada e seu Impulso da Morte", Sandor Ferenczi escreveu: "A despesas imensas de amor, carinho e cuidado, a criança precisa ser levado a perdoar aos pais por ter trazido ela para este mundo contra a vontade dela; senão, logo os impulsos destrutivos se moverão." Destruindo que? "Mais tarde na vida", Ferenczi nota a respeito de dois pacientes, "ocasiões relativamente pequenas bastaram para querer morrer, mesmo se isso foi compensado por forças de vontade vigorosas. Pessimismo moral e filosófico, ceticismo e desconfiança tornaram-se os traços de caráter salientes deles."[51]

> *"Se alguém vier a mim, e não aborrecer a seu pai, e mãe,*
> *e mulher, e filhos, e irmãos, e irmãs, e ainda também a sua*
> *própria vida, não pode ser meu discípulo."* **(Lucas 14:26)**

O verbo latim *linquere* significa deixar, abandonar; e amiúde este sentimento de ser abandonado termina na delinquência de adolescente "desorientado".[52] Respondendo ao sentimento de ficar deixado, ele tende a deixar a ordem patriarcal. O filho de Miriam, por exemplo, desafiou os velhos professores da tradição e acabou sendo colocado fora da ordem tradicional, exposto e expulsado como *"mamser"* (bastardo). Admiraria se o adolescente pensativo seria inseguro a respeito da sua identidade, perguntando assim?

> *"Quem dizem os homens que eu sou?"* **(Marcos 8:27-29)**
> *"E vós? ... quem dizeis que eu sou?"* **(Mateus 16:15)**

---

50 Cf. Janus 2000, passim; Barbara Findeisen, no artigo dela sobre consequências psíquicas de longo prazo de experiências prénatais e perinatais, em: Janus, Ludwig e Haibach, Sigrun (ed.): Seelisches Erleben vor und während der Geburt, Neu-Isenburg 1997.
51 Ferenczi, p.253-254.
52 Alberti, p.72.

38

Quando uma mãe rejeita a sua gravidez, ela se fecha a momentos de alegria e antecipação feliz. Bioquimicamente, faltarão a ela e ao feto os "hormônios da felicidade", serotonina e oxitocina. O que falta à mente dela no momento, e que talvez faltará à criança dela por toda a vida, é o sentimento da "retidão do mundo"[53]. Tais pessoas amiúde são de "pele fina", sentindo-se "permeáveis demais, desprotegidas demais nas suas essências, hipersensíveis e delicadas". Buscando a raíz do seu estar diferente, elas se tornam introspectivas – e mantém contato com a sua "criança interior":

"Qualquer que não receber o reino de Deus como menino, de maneira nenhuma entrará nela." (**Marcos 10:15**)

2. Sexualidade: Seria surpresa se uma criança concebida por estupro desenvolveria essa "agudez não biológica ... contra o desejo sexual masculino" que o historiador Will Durant (casado por quase 70 anos com a sua ex-estudante e co-autora Chaya Kaufman) observou em Jesus?[54]

"Eu, porém, vos digo, que qualquer que olhar para uma mulher para a cobiçar, já em seu coração cometeu adultério com ela." (**Mateus 5:28**)

Se, de acordo com os estudos já citados de Alexandra Piontelli, "as fantasias, esperanças, emoções de uma mãe para com o feto no útero afetam a vinda do infante neste mundo e suas modalidades de ser", seria de estranhar se este filho enfatizar os direitos de mulheres contra homens irresponsáveis e abandonadores?

"Qualquer que deixar a sua mulher e casar com outra, adultera contra ela. (**Marcos 10:11**)

E se, para ele, a sexualidade permanecer associada à sensação intestinal de uma moça engravidada por estupro?

"Porque há eunucos que assim nasceram do ventre da mãe."
(**Mateus 19:12**)

---

53 Alberti, p.31 e 103; em alemão: "Richtigkeit der Welt".
54 Durant, p.638.

3. Pai: Qual resposta devemos esperar, se o filho sem pai, gerado por violência, é solicitado por um dos seus ativistas: "Senhor, permite-me que primeiramente vá sepultar meu pai"?

> *"Segue-me, e deixa os mortos sepultar os seus mortos. "*
> **(Mateus 8:22; Lucas 9:60)**

Devemos ficar surpresos se, em contraste estridente com sua imagem negativa de um "pai, ruim, vazado pra alhures" (mas presente demais nos ocupantes romanos) o primogênito de Miriam desenvolver uma imagem consolador de um "Pai, bom, atencioso, responsável, lá em cima"?

> *"Pai nosso, que estás nos céus, santificado seja o teu nome."*
> **(Mateus 6:9** *e* **7:11; Lucas 11:2** *e* **11:13)**
> *"Se vós, pois, sendo maus, sabeis dar boas coisas aos vossos filhos, quanto mais vosso Pai, que está nos céus, dará bens aos que lhe pedirem?"* **(Mateus 7:11)**
> *"De certo vosso pai celeste sabe que necessitais de todas estas coisas."* **(Mateus 6:32; Lucas 12:30)**

O que é que um filho indesejado que cresceu com sentimentos de alienação e desabrigo neste mundo, ansiando pelo aconchego que lhe faltou no útero, iria empreender?

> *"Levantar-me-ei, e irei ter com meu pai ... "* **(Lucas 15:18)**

Este filho sem pai não sonharia com um pai que cuidaria justamente deste único filho perdido, mais do que dos meio-irmãos em casa, e que certamente viria resgatando-lhe daqui?

> *"Que vos parece? Se um homem tiver cem ovelhas, e uma delas se desgarrar, não deixará ele as noventa e nove nos montes, indo procurar a que se perdeu? E se conseguir encontrá-la, em verdade vos afirmo que maior prazer tem por aquela do que pelas noventa e nove que não se extraviaram. Assim também não é vontade de vosso Pai que está nos céus, que se perca um só destes pequeninos."* **(Mateus 18:12-14; Lucas 15:4-6)**

Todos estes versos de Jesus falam dos mesmos sofrimentos e sintomas relatados por crianças indesejadas até hoje. Todos estes atestados nos evangelhos sinópticos mal concordam com a conceição anunciada pelo anjo Gabriel, mas como peças do puzzle se combinam apontando ao início violento na visão de Jane Schaberg. A todos estes cacos verbais do vaso quebrado, Gerd Lüdemann confirma autenticidade histórica, real como os sintomas aos quais eles apontam, e validando a tese que a vida de Jesus tinha início violento. "Eu não pudesse indicar outro desejo infantil tão forte como o desejo para proteção paternal" escreveu o mesmo Sigmund Freud que constatou que "a origem da atitude religiosa" irrefutavelmente pode ser rastreada até "o desamparo da criança e a assim despertada ânsia pelo pai."[55] Por motivo dessa "saudade pelo pai", o teólogo americano Donald Capps está certo num sentido muito profundo quando, "contra a tendência de minimizar o impacto da experiência infantil", ele propôs a antítese total "que praticamente tudo que Jesus disse e fez como adulto é rastreável, de uma forma ou de outra, na sua consciência de ser um filho ilegítimo". Essa consciência pudesse explicar "o que comumente é considerado sendo o âmago da sua experiência religiosa e mensagem pública, a sua relação estreita com Deus que ele chamou 'meu pai'." "Seria mera coincidência", Capps pergunta, "que uma criança concebida ilegitimamente, criança criada por pai adotivo, não só abordaria Deus como pai, mas também fazia isso de maneira incomumente íntima?" E mais precisamente, o fazia de maneira muito pessoal, idiossincrática, "diametralmente oposta à sua percepção do seu pai natural", num caso estridente e global-historicamente importante de 'imagem dividida'?"[56]
Numa cena surreal, relatada em todos os evangelhos sinópticos (Marcos 5:1-17; Mateus 8:28-34; Lucas 8:26-39) Jesus quer saber o nome de um homem obcecado por demônio. "Meu nome é legião", o louco responde, "porque somos muitos". E o filho-estupro do legionário comanda a legião inteira de demônios sair do homem e entrar numa manada absurda de dois mil porcos – dois mil epítomes de seres impuros, estrangeiros, sexualmente desinibidos. A fantasia louca sugere que Marcos pessoalmente sabia mais do que ele revela chamando Jesus o filho de Maria; que ele sabia bastante sobre a origem militar, violenta, sexualmente impura de Jesus para poder perceber o que estava "dentro deste homem" e para ver o que Capps

---

55 Freud 2010, (O Mal-Estar na Civilização), p.25.
56 Capps, p.108-115.

viu muito mais tarde: "A patologia dele é que ele tem os genes de um romano, e por isso é ocupado por um elemento estrangeiro que pode ser exorcizado apenas substituindo o demônio interior por um pai novo internalizado, este que ele afetuosamente chama 'meu pai'."[57] A imagem dividida é bipolar: Quanto mais violento, descuidado e abandonador o pai de atrás, tanto mais digno de confiança, mais prestativo e sincero seria o pai do futuro. É somente crer fortemente. A fé pode mover montes e remover mau pai. "A sua consciência da sua ilegitimidade e sua experiência profundamente pessoal de Deus como pai ... iria permitir-lhe transformar a ameaça a si mesmo, causada pela sua ilegitimidade, num sentido novo de auto-empoderamento e liberdade interior, sentido que desafiou a imagem negativa resultante da consciência da sua ilegitimidade."[58] A divisão da imagem do pai iria resultar numa dualidade das suas opções biográficas: (1) O alfa ilegal de violência paternal seria seguido pelo ômega alto de apoio paternal: porcos legionários iriam enlouquecer correndo e se afogando no mar da Galileia – enquanto o filho de humilhação seria enaltecido ao poder, veja Salmo 136:12, pela "mão forte e braço estendido" do pai, "porque seu amor é para sempre". (2) O estudante dedicado da Escritura, como o Toledot o descreve, tem que ter estudado o anti-herói de Isaías, o servo sofredor de Deus: "Eu lhe darei as honras de um soldado vitorioso, porque ele se expôs à morte. Ele foi contado entre os rebeldes. Ele levou sobre si o pecado de muitos e pelos rebeldes intercedeu." (Isaías 53:12, nas traduções de King James/New Living Translation). E em 54:1, Isaías ouve Yahve declarando: "Entoa alegre canto, ó estéril, que nunca teve um filho para criar; irrompe, pois, em canto, brade com júbilo, ó Jerusalém, tu que jamais sentiste as dores do parto; porquanto mais numerosos são os filhos da abandonada do que os filhos daquela que tem marido!". Para Jesus, este Isaías, voando alto, caberia bem como profeta de estimação, o mais profundamente talvez nos seus versos 49:1-5: "Antes de eu nascer Yahve me escolheu e convocou; desde o ventre de minha mãe ele pronunciou o meu nome ... Yahve, que me formou desde o ventre para ser seu servo, para que torne a trazer Jacó e para reunir Israel a ele ... e o meu Deus é a minha força." Já

---

57 Capps, p.120; Anne A. Schützenberger (p.76), citando o colega dela Jean Guyotat, nota que "quando ocorrem problemas no nível de relacionamento filial instituido – seja um filho ilegítimo, incertezas quanto ao pai ... isso enfraquece o eixo instituido e tenda a exaltecer o eixo imaginário de forma de relacionamento dialético entre os dois."
58 Capps, p.108-109.

42

quando os professores chateados o chamaram um *mamser* desde o ventre, o filho que foi chamado "Deus salvará" pela mãe facilmente pôde referir a si mesmo os versos de paixão por intenção divina para a libertação dos muitos. Duas vezes sete anos depois, a intenção tão longe ponderada irrompeu daquele homem que tinha que falar a si mesmo: "Meu semente é legião."
Um caso literal de profecia auto-cumprida?
Não, isso é absurdo, diría Joseph Klausner, historiador famoso de Jerusalém, talvez. Na visão dele, os evangelhos não contém "nem indício mínimo respeito a sangue pagã correndo nas veias de Jesus ... A verdade é, que Jesus, como qualquer outra criança na Galileia, descendeu de pais judeus honestos, desde que também nesta província, moças noivadas eram supervisadas severamente, se bem que talvez não com tanta rigidez como na Judéia."[59]
A verdade psicológica é que a visão idílica de Klausner ignora a personalidade visivelmente traumatizada deste seu compatriota, honrado com mais realismo pelo cristão luterano Lüdemann: "Contudo, interpretação teológica de fundo dourado é uma coisa. Outra é a história parcialmente brutal na poeira dessa terra, e é aquela que Jesus chegou a experimentar de medida reforçada. Desde a sua estadia em Nazaré ele foi agredido com referência aos rumores de que ele ser bastardo sem pai direito; daqui as palavras de escárnio 'filho de Maria' ... Talvez nisso jaz uma raiz da sua posterior atenção ao populacho desdenhado, as putas, publicanos, pecadores ..."[60]
Enquanto a atenção que Jesus mostrou às mulheres desdenhadas é altamente apreciada no cristianismo, expor a raiz desta atenção – o início da sua vida num ato de desdém para mulher – é completamente inaceitável para muitos cristãos. Pelo menos à primeira vista. Olhando mais de perto, eles pudessem perceber que esta maneira mais baixa de vir neste mundo, enquanto não estragando de jeito algum a dignidade humana deste homem que enfatizou a dignidade humana de prostitutas, exaustivamente cumpre o critério "Humiliou-se a si mesmo" (Filipenses 2:8), e o cumpre muito mais autêntico, o incarna, o traz para este planeta com veracidade muito mais física do que o menino na manjedoura entre os animais, visto que "Deus escolheu as coisas vis deste mundo, e as desprezíveis" (1 Coríntios 1:28). E esta raiz mais humilde nem nega que este Jesus Bar Abbas seja filho de Deus, se abrimos os ouvidos para Paulo, em Romanos 8:15: "re-

---

59 Klausner, p.316-317.
60 Lüdemann, p.879-880.

cebestes o Espírito de adoção de filhos, pelo qual clamamos: "Abba, Pai!"

Preso e cindido: Jesus Bar Abbas

No seu filme documentário "Shoah", o produtor Claude Lanzmann entrevista, no feriado de Nascimento de Maria, um grupo de poloneses católicos na frente da sua igreja em Chelmno onde, de dezembro 1941 até a primavera de 1943 e de Junho 1944 até janeiro 1945, os judeus, após uma noite na igreja, embarcaram os *Vergasungswagen* (caminhonetes de gaseamento). Passados 40 anos, junto com Lanzmann o único sobrevivente Simon Srebnik voltou de Israel para estar aqui de pé no meio dos seus amigos e colegas de infância. Quando Lanzmann os pergunta: "O que é que vocês acham por que isso pôde acontecer aos judeus?" passa diante um senhor Kantarowski, que "na época" tinha dado "pão e pepino" aos judeus. Energicamente ele conta um história na qual um rabino – com permissão do oficial da SS – explicou para a sua comunidade na espera dos *Vergasungswagen* como, muito tempo atrás, os judeus tinham condenado Cristo, que era completamente inocente, à morte, e disseram que o sangue dele caia sobre eles e os seus filhos. E agora, disse o rabino, aquele tempo chegou, "então vamos fazer o que nós é exigido, vamos!"
Lanzmann: "Ah, o rabino disse isso!"
Kantarowski: "Quando Pilatos lavou suas mãos, ele disse: 'Este homem é inocente, não quero ter de ver com essa história', e mandou o Barrabás. Porém, os judeus gritaram: 'Seu sangue caia sobre nós!'"
Silêncio breve, significante. Depois ...
Kantarowski: "Isso é o fim, agora o senhor sabe tudo."[61]
A saber, o sobrenome Kantarowski, provavelmente derivado do cantor na sinagoga, aparece 212 vezes no registro das vítimas do holocausto, no memorial de Yadvashem, Jerusalém.
Voltamos para lá: O que é que sabemos sobre o nobre governador romano de Jerúsalem e santo canonizado da Igreja copta?
Tendo condenado Jesus em algum dia no meio do seu mandato, no ano 36 Pilatos causou a sua demissão pelo seu último e mais sangrento massacre que lança luz para trás, sobre o seu estilo e motivos de agir em Getsêmani e Gólgota:
No monte Garisim, lugar santo dos samaritanos, um grupo deles tinha sido persuadido por um pregador que ascenderem ao monte para ver

---

61 Lanzmann, p.17-19 and 132-137.

44

os artefatos sagrados alegadamente enterrados lá por Moisés. Pilatos mandou uma unidade de cavalaria e infantaria fortemente armada que no encontro com os primeiros dos samaritanos na aldeia matou alguns deles no campo de batalha e afugentou o resto. Dos muitos que foram presos, Pilatos condenou à morte os líderes principais e os que tinham as posições mais influentes."[62] Na sua queixa entregada a Vitellius, o governador da Síria, o conselho de anciãos samaritano asseverou que se tinham unido no Garisim "não para revoltar contra os romanos, mas para escapar da violência de Pilatos". Quando Pilatos foi mandado voltar para Roma para fazer relatório sobre a ação escalada de mão dura, seu arquivo pessoal já estava cheio de detalhes que o contemporâneo Fílon anotou além dos traços de caráter dele ("revanchismo e temperamento furioso ... inflexível por natureza ... mistura de obstinação e implacabilidade") e era intolerável para a reputação de Roma como estado de direito, particularmente "os subornos, os insultos, os assaltos, os ultrajes e as lesões arbitrárias, as execuções sem julgamento permanentemente repetidas, a crueldade incessante e supremamente dolorosa."[63]

No decorrer dos seus dez anos de mandato, Pilatos tinha mandado cerca de 6.000 judeus às cruzes, quer dizer que, só fazendo *business as usual*, numa taxa média 11 homens por semana morreram do mesmo jeito que Jesus.[64] Da sua própria condenação Pilatos alegadamente escapou por suicídio.[65] Nem este fim impedia a sua veneração pela Igreja Copta, enquanto a Igreja Ortodoxa Grega santificou a sua primeira dama Prócula que parece ter dormido bem antes dos dias úteis normais e sentenças justas do marido, mas o tinha alertado respeito a essa muito especial entre os seis mil crucificações: "Não entres na questão desse justo, porque num sonho muito sofri por causa dele" (Mateus 27:19). Em meio destes seis mil, a condenação dele não tinha sido mais do que "uma medida policial insignificante", como o teólogo Maurice Goguel sobriamente constata.[66] Mateus faz um show de escolha pública da medida policial, desde que o apresentador dá livre arbítrio à plateia: "Qual quereis que vos solte? Barrabás, ou Jesus, chamado Cristo?" E revelando o motivo de

---

62 Josephus, Antiquidades dos Judeus, 18.4.1.
63 Lapide 1987, p.72 (Vitellius); Fílon, Legatio ad Gajum, XXXVIII (cf. wikipedia, Pilate/Pilatos).
64 Lapide 1987, p.73: "por estima conservadora, aproximadamente seis mil judeus ... "
65 Lapide 1987, p.72, referindo-se ao historiador da Igreja Eusébio.
66 Isaac, p.337.

Pilatos, Mateus acrescenta: "Porque sabia que por inveja o haviam entregado." (27:18). Se assim, não deveria ele ter previsto claramente que eles iriam votar contra este bom Jesus que ele, o governador, pudesse ter salvado bem mais facilmente por uma simples palavra de ordem, usando no duelo em vez dele um dos dois "ladrões" que o diretor do show em qualquer caso mandaria crucificar, ao lado do perdedor do duelo?

Muito mais revelador, porém, do que a pequena falha freudiana de Mateus é o Jesus Barrabás no relato original. A coincidência estranha que aquele Barrabás, melhor *Bar Abbas*, literalmente *Filho do Pai*, tinha o primeiro nome *Jesus*, já deu problema para o Pai da Igreja Orígenes (185-254). Pode ser, ele se perguntou, que um ladrão tem nome tanto santo? No correr dos séculos seguintes, o nome "Jesus Barabbas" foi suprimido na maioria das cópias manuscritas dos evangelhos. Meticulosamente minha "Jerusalemer Bibel" de 1968 insinua, numa nota de rodapé ao verso 27:16 de Mateus, uma "leitura diferente (aqui e no v. 17): Jesus Barabbas". Mas já no ano 1946, e por motivos atempados, Jules Isaac bem brandamente insinuou outra maneira de ler: "Por que deveria eu calar a suspeita que se impõe a mim contra a minha vontade ... que foi o genuíno único Jesus, por quem a multidão judaica implorou?"[67]

Literal e realmente, no texto grego de Mateus 27:16-17, os dois versos relatam: *Eichon de tóte desmion epísmenon legómenon Iesoun Barabban* – "Nestes dias, tiveram um prisioneiro notório, chamado Jesus Barabbas." Então Pilatos pergunta ao povo judeu: *Tina thélete apolýso hymín: Iesoun ton Barabban e Iesoun ton legómenon christón* – "Qual quereis que eu vos solte, Jesus Barabbas ou Jesus chamado de Messias?"

Como a pergunta dupla "Jesus o Barrabás ou Jesus o Messias" nasceu, Hyam Maccoby explica: "Todos os evangelhos ficam embaraçados porque na parte anterior da história eles tinham enfatizado tanto, quão bem querido Jesus era geralmente. Isso inevitavelmente levou a uma transição acidentada quando mais tarde queriam sublinhar a culpa do povo inteiro na crucificação de Jesus. No evangelho original, Jesus nunca foi rejeitado pelo povo judeu ou os seus líderes religiosos, os fariseus. Os inimigos de Jesus eram os saduceus e os herodianos."[68]

Que Jesus mesmo pertenceu ao grupo progressivo e popular de intelectuais chamado fariseus já se prova pelo título exclusivamente

---

67 Isaac, p.393.
68 Maccoby 1996, p.114.

fariseu de *rabino* que, contrário aos saduceus colaboradores com os seus títulos hereditários de *levitas* e *cohanim*, significou sabedoria adquirida por estudos.[69] De qualquer forma, porém, a cisão entre Jesus e os fariseus era bem inócua, comparada com a cisão entre Jesus e Barrabás.

Acolhido na sua turma: Barrabás, pintado pelo artista francês James Tissot (1836-1902)

Os fins e a construção do elemento dramático "Entra Barrabás" Maccoby explica assim: "Quando Jesus estava na prisão de Pilatos, a multidão rodeava o prédio e chamou para libertação. Isso foi coisa bem natural para eles, simplesmente continuando o seu apoio fervoroso para ele durante a entrada triunfante e depois. Este fato não se pôde suprimir completamente desde que se baseava numa tradição forte, mas colocava um problema grande para os editores posteriores dos evangelhos que queriam mostrar Jesus sendo rejeitado pelo povo inteiro. Não puderam negar que o povo judeu chamou para a libertação de Jesus, porém acharam solução esperta – fazer dois de um! "De fato o povo judeu chamou para Pilatos reivindicando que ele liberte o Jesus Barrabás, mas só porque Jesus Barrabás era o nome deste homem conhecido também como Jesus de Nazaré."[70].

---

69   Ben-Chorin 1980, p.185; Lapide (1987, p.111) conta no Novo Testamento 14 menções de Jesus como rabino.
70 Maccoby 1996, p.114.

Alterar *Jesus Barrabás* para *Jesus ou Barrabás* foi tão facílimo para os escribas quão gravíssimo para o povo do Barrabás. Mas de onde veio o apelido Bar Abbas? Nos seus versos falando do Pai, **Mateus 6:9/ Lucas 11:2** (Pai Nosso) **Mateus 7:11/ Lucas 11:13** (Se vos sabeis dar boas coisas aos vossos filhos, quanto mais vosso Pai ...), **Mateus 6:32 / Lucas 12:30** (Vosso Pai no céu bem sabe ...) e o já citado **Mateus 18:14** (... não é vontade de vosso Pai, que um destes pequeninhos ...) ele nunca se refere ao *seu*, mas sempre ao *vosso* Pai, teimosamente recusando o papel de Filho único que Paulo criaria do habito saliente de Jesus de referir-se a Deus como Pai.

"Há exemplos de outros rabinos no Talmude que chamaram Deus de 'Abba', mas Jesus talvez tem feito disso um hábito tão conspícuo que chegou a ser chamado pelo apelido 'Bar Abbas', sinalizando sua relação estreita com Deus."[71] A explicação de Maccoby é plausível, mas como suas provas (Marcos 14:36; Mateus 23:9; Romanos 8:15; Gálatas 4:6) são poucas, tanto mais convincente parece como o rabino Bonder rastreia o nome Bar Abbas ao longo dos tempos dos assaltos romanos quando "alguém deveria assumir a paternidade desses filhos que, ao contrário de marginais, eram a esperança de transformação de uma situação de tragédia em um milagre: Barrabás, ou Bar-ha-aba, de origem aramaica, traduz se literalmente como 'o filho do pai'... Os indivíduos que não tivessem paternidade definida poderiam se chamar 'filho do pai' de forma simbólica – uma paternidade divina – ou até mesmo de forma irônica. Essa denominação, que está no centro das tensões messiânicas de redenção dos filhos sem pai que ameaçam a continuidade dos judeus, é muito significativa." Assim Bonder, rabino num país com tantas *mães solteiras* e *filhos da mãe*, acentua outro lado de Jesus quando, endossando fortemente a leitura de Maccoby, conclui "que não houve dois a ser julgados, mas apenas um: – Jesus, o *bar ha-abba*, o filho do pai."[72]

A cisão editorial entre Jesus e Barrabás não saiu, porém, bem lisa. A rapidez com que o "Hosana!" foi seguido pelo "Crucifica-o!" chegou a ser proverbial (a saber, na Alemanha) para uma revulsão abrupta, ingrata. Um bando desleal que lhe tinha dado boas-vindas uma semana antes, em forma de "muitíssima gente" com ramos de arvores (Mateus 21:8), multidão tão abrangente que "todo o povo" segundo Lucas "ficava enlevado ao ouvi-lo" (19:48) e mais tarde como "grande multidão seguia a Ele, inclusive muitas mulheres que chora-

---

71 Maccoby 1996, p.115.
72 Bonder 1998, p.101.

vam e pranteavam em desespero", multidão que no fim o acompanhou solidário no seu último caminho (23:27) – este bando mesmo
e, pior ainda, "todo o povo" (Mateus 27:25) é ouvido entrementes
chamando que o sangue dele "caia sobre nós e nossos filhos!"
Melhor, Maccoby pensa, não todo o povo mas uma multidão de
tamanho alarmante se tinha reunida na frente do palácio de Pilatos –
para chamar para que? Os dois detalhes que aquele "criminoso muito
conhecido de todos" (Mateus 27:16) de nome Barrabás "fora lançado
na prisão por causa de uma sedição feita na cidade" (Lucas 23:19)
e que o povo exigiu que este mesmo "Barrabás" seja libertado, são
duas peças do quebra-cabeça que encaixam perfeitamente, mostrando juntos um insurgente bem querido pelo mesmo povo que diante
da janela do prefeito talvez tinha cantado um refrão, usando o seu
apelido que soava bem mais rítmico e agressivo: Ye-shu ha bar-abbas, liberas o bar-abbas!
Bar Abbas, o Filho do Pai: O que foi que o Pai Nosso exigia dele?
Zacarias tinha fornecido a ele, o homem tão perto de Deus, marchando rumo ao monte santo de Deus, um programa quase completo,
começando com instruções para "o apogeu da carreira política de
Jesus",[73] quer dizer sua entrada para a cidade: "Alegra-te muito, ó
filha de Sião; exulta ó filha de Jerusalém; eis que o teu rei virá a ti;
ele é justo e traz a salvação; ele é humilde e vem montado sobre um
burrico, um potro sagrado, cria de jumenta. Ele destruirá os carros de
guerra de Efraim e os cavalos de Jerusalém, e os arcos de batalha serão
todos quebrados. (9:9-10). "Naquele dia, Yahve Elohim os salvará
como rebanho do seu povo" (9:16). Forças romanas superiores?
Problema não: "Naquele dia, grande desespero e confusão, causados
pelo próprio Yahve tomarão conta deles. Cada um levantará a mão
contra o seu próximo e o ferirá." (14:13). Zacarias o lembra de
um ponto baixo, quando da cidade tomada, "as habitações serão
saqueadas, e as mulheres, violentadas" mas já no próximo verso
ele o informa onde a batalha final começaria: "Yahve se apresentará
pessoalmente para a guerra contra aquelas nações ... Naquele dia os
seus pés estarão sobre o monte das oliveiras, a leste de Jerusalém, e
o monte se dividirá ao meio, do oriente para o ocidente ..." Batalha
feita, "os sobreviventes das nações que vieram lutar contra Jerusalém
subirão uma vez por ano até a cidade a fim de adorar o Rei, o Senhor
dos Exércitos ..." (14:2-16). Em outras palavras: a nação do Pantera,
domesticada na hora certa, iria curvar-se na frente do bom Pai.

---

73 Maccoby 1996, p.91.

"Este trabalho consciente rumo á morte"

Seja que ele pretendeu a ser o quebrador da falange do *superpower* romano ocupante, seja que queria abolir o sistema altamente lucrativo de sacrifícios: Não tinha que ficar sabendo que ele mesmo iria ser a vítima mais previsível?

Que o fanatismo de Jesus "beirou à insanidade", o teólogo luterano alemão David Friedrich Strauß (1808-1874) já tinha observado no ano 1864. Em 1910, o médico francês Dr. Charles Binet-Sanglé publicou *La Folie de Jesus,* dando o diagnóstico de "paranoia religiosa", baseado em sete detalhes dos evangelhos que o doutor classificou de alucinações. Em 1912, o psiquiatra eminente Dr. William Hirsh, de Nova Yorque, concordou com Binet-Sanglé e apontou à "megalomania" de Jesus que estava "aumentando incessante e imensuravelmente". Hirsh concluiu que "tudo que sabemos dele combina tão perfeitamente ao quadro clínico de paranóia, que é quase inconcebível que alguém pudesse questionar a precisão do diagnóstico."[74]

Em 1933, o teólogo alsaciano, organista brilhante e "doutor da mata" famoso Albert Schweitzer escreveu no seu livro *Die psychiatrische Beurteilung Jesu* (O Julgamento Psiquiatrico de Jesus), que "este trabalho consciente rumo à morte de jeito algum pode ser interpretado, como Binet-Sanglé parece ser inclinado a, de auto-sacrifício mórbido ...". Pelo contrário, essa morte por sacrifício "representa um elemento necessário das maneiras de pensar e agir messiânicas de Jesus."[75] Na visão de Schweitzer, Jesus queria tomar para si as dores de parto da época messiânica, crendo fortemente no big bang, na batalha final iniciando o Reino de Deus – já antes da safra de cevada. "De preparação, emitiu os seus discípulos para eles alertarem o povo judeu. Ele era convencido que os discípulos iriam sofrer nessa tarefa. Quando voltaram ilesos, ele estava compelido a levar Deus, como no xadrez, numa situação de lance coagido. Por isso, ele mesmo entrou no primeiro plano, não somente como mensageiro de Deus, mas também como o servo sofredor de Deus."[76]

Na visão do Dr. Schweitzer, Jesus se comportava "diametralmente contrário a um paranóico perseguido", como não ficava inativo nem defensivo, mas por ações provocantes tentava impor uma intervenção contra ele mesmo." As teses dos seus colegas Binet-Sanglé e

---

74 Havis, Don: An Inquiry Into the Mental Health of Jesus: Was He Crazy? Em: Secular Nation, 2/2001, San Mateo, CA (sfatheists.com).
75 Schweitzer, p.36-37.
76 De Rosa, p.179 e Nicholls, p.25.

Hirsh, alegando que Jesus sofreu de uma *"mania de relacionamento"* na medida em que referiu os trechos messiânicos dos profetas a si mesmo" Schweitzer contraria de maneira parecida como Maccoby, interpretando o comportamento de Jesus "numa consideração historicamente adequada do ponto de vista dele, [como] desempenho psicológico inteiramente normal".[77]

Quanto a um possível trauma infantil do Jesus ben Pantera, justamente aqui o ponto de vista de Hirsh parece válido: "Temos aqui um menino com dotes mentais extraordinários que, porém, é predisposto a distúrbios psíquicos e que paulatinamente forma ideias fixas. Todo o seu tempo de lazer ele usa para o estudo das 'escrituras santas', cuja leitura certamente contribuiu à doença mental dele."[78]

Talvez a leitura incluiu, no capítulo 11 dos Juízes, a história de Jefté, o guerreiro valente, "homem valoroso, porém filho de uma prostituta" que primeiramente foi expulso pelos seus meio-irmãos, mas depois chamado para voltar? "Vem, e sê o nosso chefe", eles lhe pedem, "para que combatamos contra os filhos de Amom."

Ou será que ele se identificou com Sansão, o arquétipo de homem bomba, também no livro dos Juízes (13-16)? A vida do Sansão começa com o anjo de Yahve, anunciando a uma mulher danita estéril: "Conceberás, e terás um filho ... será nazireu de Deus desde o ventre; e ele começara a livrar a Israel da mão dos filisteus"?

Enquanto Sansão foi famoso por sua força física, o pregador galileu Jesus (que, conforme Celso, os Atos de João e Atos de Pedro no século II, como também Efrém o Sírio no século IV era baixinho, de acordo com uma fonte romana disputada tinha apenas 150 centímetros de altura),[79] ficou surpreso e impressionado ele mesmo pelos efeitos curativos da sua mera presença, das suas mãos impostas sobre a cabeça de alguém, ou o toque da sua roupa por pessoas desejando cura, ou seja por seu dom de "fina membrana", presente em muitas pessoas com trauma pré-natal.[80] Será que ele, que aparentemente foi capaz de curar doenças, expulsar demônios por imposição das mãos – que ele sentiu-se capaz de libertar Israel das legiões romanas impondo, por assim dizer, suas mãos no Monte das Oliveiras?

Os relatos dos evangelhos, falando do seu silêncio crescente diante dos interrogantes, são bem plausíveis para Maccoby, "não devido à

---

77 Schweitzer, p.15 e 30.
78 Schweitzer, p.22.
79 Wikipedia, artigo "Race and appearance of Jesus"; fonte romana: Lehmann, p.10-11.
80 Alberti, p.172.

sua rendição à morte ou vontade para acabar crucificado, mas por
desespero total e decepção ... Tanto ele tinha confiado no milagre es-
perado no Monte das Oliveiras, que o seu inteiro sistema de redenção
apocalíptico ficou quebrado agora."[81]
O Pai acima não interviu, o prefeito romano não acata a *vox populi*,
apenas fala três palavras para ele: "Ibis in crucem!" Irás na cruz. E
assim aconteceu que aquele Barrabás que uma semana antes, cele-
brado pelo povo, tinha entrado na cidade pelo portal do leste num
potro de burra andando em ramos verdes de esperança, e que tinha de
novo passado o portal do leste para rezar no Monte da Promessa, tinha
que deixar Jerusalém enfim pelo portal do norte, portando viga nos
ombros. O último caminho de um homem que muitos tinham visto
de Messias. Seu último grito "Elohi, Elohi, lamá sabactáni? – Deus
meu, Deus meu, por que me desamparaste? – é o primeiro verso do
Salmo 22. Desmentindo o auto-sacrifício que norteia o cristianismo
desde Paulo, este verso de Marcos (15:34), desfecha como um ponto
final de exclamação a esperança para o bom Pai acima, contra o pai
ruim romano na terra.
Mais um Messias fracassado. *Awanim u meshugaim* – "pedras e
psicopatas" abundam em Jerusalém, o provérbio judaico constata
até hoje. Em 2008, a central da polícia na cidade tinha que atender
ao novo numero recorde de mais de 200 turistas masculinos que
justamente aqui chegaram à convicção de ser Jesus. Jerusalem fica
na montanha, mil metros acima do mar, bem fresco; demais calor não
é a causa. Antes demais crueldade, nas cruzes ancoradas nas almas de
meninos e agora irrompendo dos homens maduros, aqui onde tantos
homens morreram nelas.

Últimas e primeiras, as mulheres
Na sua subida para Gólgota, "seguia-o grande multidão de povo e de
mulheres, que choravam e pranteavam em desespero". E essas mulheres são os últimos seres aos quais ele fala: "Filhas de Jerusalém,
não choreis por mim; chorai antes por vós mesmas e por vossos filhos! ..." (Lucas 23:27-28). Mulheres que "o seguiam, e o serviam,
quando estava na Galiléia, e muitas outras, que tinham subido com
ele a Jerusalém" olhavam de longe, entre eles Maria Madalena, e
Maria, mãe de Tiago, o menor, e de José, e Salomé" (Marcos 15:40).
Estando "junto à cruz" João (19:25) menciona "sua mãe e a irmã da

---

81 Maccoby 1996, p.107.

mãe, Maria de Clopas e Maria Magdalena". Até as bebidas oferecidas a ele, alegadamente pelos soldados, geralmente eram tarefa de mulheres: Enquanto o vinagre mencionado em todos os quatro evangelhos era um meio barato para matar a sede, o "vinho misturado com mirra" de Marcos aponta a um costume mencionado no Talmud: Mulheres nobres costumaram aliviar o sofrimento terrível das vítimas com bebidas narcóticas.

E mulheres foram as pessoas que ficaram ao lado dele após sua derrota. Mateus (27:61) menciona "Maria Madalena e a outra Maria, assentadas defronte do sepulcro". Dois dias depois, "passado o sábado, Maria Madalena e Maria de Tiago [mãe também de Jesus, José, Judas, Simão], compraram aromas para irem ungi-lo." Quando chegam no sepulcro, a pedra da porta está revolvida, o sepulcro vazio, um jovem assentado à direita, vestido em branco, explicando: "Já ressuscitou, não está aqui. Eis aqui o lugar onde o puseram. Mas ide, dizei a seus discípulos, e a Pedro, que ele vai adiante de vós para a Galiléia; ali o vereis, como ele vos disse. (Marcos 16:1-8).

Por que as mulheres que estavam tão pertas de Jesus na vida agora fogem do sepulcro, sendo "possuídas de temor e assombro; e nada diziam a ninguém porque temiam"? E por que este capítulo final de Marcos, na sua forma autêntica (16:1-8), termina tão profanamente sem uma testemunha real da ressurreição, enquanto já uns quinze anos antes Paulo tinha assegurado aos Corintianos (1,15:4-8) por escrito que "foi sepultado e ressuscitou no terceiro dia, conforme as Escrituras, e apareceu a Pedro e depois aos doze. Depois disso, apareceu a mais de quinhentos irmãos de uma vez, dos quais ainda vive a maior parte, mas alguns já dormem também. Depois foi visto por Tiago, depois por todos os apóstolos. E, depois de todos, apareceu também a mim, como a um abortivo"? A discrepância se explica pelas últimas palavras: justamente como Jesus "apareceu também a mim" mais de dez anos após a crucificação, i.e. numa visão não física mas espiritual, assim Paulo alega Jesus ter aparecido às figuras líderes da comunidade de Jerusalém. A interpretação espiritual, visionária da ressurreição de Cristo – note-se que, de acordo com Paulo, por ora nenhum ser feminino pecaminoso tinha visto o redentor – contrasta acentuadamente com o relato sóbrio das três judias que nunca reclamaram ter visto esse Jesus, tão querido a elas na vida findada, agora vivo de novo depois da morte na cruz.

Como tinham passado, ou melhor: aguentado o sábado depois da sua crucificação e sepultura? O sábado não é para tristeza. Como não

se afogar na depressão depois da sua morte? O que ler para ganhar nova esperança? O que foi que *ele* costumava ler? Talvez Oséias, capítulo 6? "Vinde e voltemos ao Senhor, porque ele despedaçou, e nos sarará; feriu, e nos atará a ferida. Depois de dois dias nos dará a vida; *ao terceiro dia* nos ressuscitará ... mas haverá de nos curar; ele nos feriu, mas cuidará de nossas chagas ... Tão certo como *nasce o sol, sua vinda* ocorrerá ... Porque eu quero é a misericórdia, e não sacrifícios; e o conhecimento de Deus, mais do que o sacrifício."
Ao terceiro dia, quando *nasceu o sol,* sua irmã Salomé, sua mãe Maria e sua amiga Maria de Magdala foram ao sepulcro. *Sua vinda?* O sepulcro é vazio.
Crossan questiona o sepulcro vazio como fato histórico, mas Geza Vermes argumenta que o vazio é enraizado profundo demais para ser desmentido como inverídico, desde que dentro das narrativas da paixão o sepulcro vazio é antes "o único fato sólido subjacente a todas essas histórias."[82] Mateus envolve o fato sólido em mais uma conspiração, incluindo desta vez um anjo de roupa branca e os guardas estupefatos de Pilatos, subornados pelos judeus para divulguem a mentira do cadáver furtado. Lucas não ouviu nada destes rumores, mas substitui o anjo branco por dois homens em branco e o fato sólido confirmado pelo terceiro homem Pedro que "correu ao sepulcro e, abaixando-se viu só os lençois alí postos." Contrariamente, João é motivado pelo fato sólido para dar, de todos os evangelhos, a descrição historicamente mais correta dos funerais comuns da época, num sepulcro de rocha típico do tempo de Jesus.
É fato histórico que esses sepulcros foram feitos para funerais de duas etapas: O cadáver embalsamado ficou esticado na caverna até que, um ano mais tarde, os ossos secos foram colocados num pequeno vaso, o ossuário, para permanecer no sepulcro junto com outros ossuários, geralmente de parentes. Se pressupomos que um cadaver desvanecido tinha sido o ponto de partida para todas essas visões (como assume a maioria dos historiadores), ficamos com duas interpretações: Ou o corpo foi removido ou posto num outro sepulcro – o que Mateus (28:11-15) nega imputando suborno aos suspeitos do costume. Ou o crucificado não estava sincera, real e verdadeiramente morto, o que João (19:33-35) nega enfatizando evidência física (pernas quebradas, ferida no peito, embalsamamento).
Flávio Josefo, que morreu no ano 100, na sua autobiografia (secção 75) se lembra de um amigo que realmente ressurgiu da crucificação:

---

82 Nicholls, p.117.

54

"Eu vi muitos cativos crucificados, e reconheci três deles como antigos amigos. Isso me fez muito triste, e com lágrimas nos olhos eu fui para Titus, e lhe contou deles. Sem demora ele mandou retira-los, e cuidar deles da melhor maneira possível, para eles se recuperem; porém, dois deles morreram sob as mãos do médico, enquanto o terceiro se recuperou."

Na jurisdição judaica, o fato de um homem ter sido visto pendurado na cruz não valeu de prova da morte dele. Conforme o Talmud, a esposa de um homem crucificado só podia casar-se de novo se testemunhas confiáveis confirmaram a morte do marido ou ele mesmo, do alto da cruz, tinha concordado ao divórcio. Isso porque a tradição relata casos de crucificados que ficaram pendurados nas vigas e na vida por cinco dias – perseverando longo o bastante para "obter o perdão deles dos romanos por meio de suborno e, tirados da cruz, ajuda-los a restaurar sua saúde."[83]

"Ajuda-los a ... saúde" é uma metáfora de humanidade encantadora, e contraste diametral ao *cenário pior caso* de Crossan, no qual ele explica o sepulcro vazio, e também o fato que "de todos os outros milhares de judeus crucificados ao redor de Jerusalém neste terrível primeiro século, achamos apenas um esqueleto e um prego" com "os cães, de novo, na pior das hipóteses".[84] O cenário da melhor das hipóteses provavelmente começaria com "as matronas mais ricas entre 'as mulheres amáveis de Jerusalém' que, como lemos, atenderam a crucificações e, subornando soldados e autoridades, às vezes conseguiram ter uma vítima ainda com fôlego de vida retirada da cruz."[85] E o melhor caso pudesse concluir, desde que os finais dos evangelhos de Marcos, Mateus e João apontam para a Galiléia, com a "tradição do sepulcro de Jesus" à qual se refere Isaque Luria, o cabalista famoso do século XVI, e que em qualquer caso exprime alta estima: Luria diz que Jesus fica enterrado perto da cidade de Safed, no alto dum monte da Galileia, e conta o túmulo dele entre "os túmulos dos justos".[86]

---

83 Lapide 1984, passim; cf. Lapide 1988, p.84.
84 Crossan, p.188: "os cachorros, de novo, no pior caso".
85 Cohn, Haim, p.239.
86 Tabor, p.295-300.

Fim e inicio

Nenhuma teologia cristã explica como a cruz fálica do seu fim é ligada com a violência fálica do seu inicio. Natalinos corretos adoçam o inicio e assim exacerbam o ódio àqueles judeus que estão programados para crucificar o menino do presépio já antes da Páscoa.

Assim, sem açúcar e independente da estação do ano, Miriam e as parteiras lançam luzes sobre coisas. Primeiramente elas dão à protagonista a honra de moça inocente, traumatizada por violência masculina, mas resiliente, amando seu filho indesejado apesar de tudo.

Este filho indesejado virou um homem que lutou para mulheres e até hoje está sendo pintado em maciez andrógina em meio de doze homens mais viris. "Aqueles que buscam redescobrir o feminista Jesus em contraposição à vida e fé judaica" deveriam "não abrir mão daqueles *Jewish foresisters* que entraram no plano e movimento de Jesus", alerta a teóloga católica Elisabeth Schüssler-Fiorenza.[87] E essas *irmãncestrais judias*, discípulas femininas e amigas imberbes de Bar Abbas existiam em números reais que para Pais de Igreja provavelmente eram bem embaraçosos e merecendo camuflagem.

Tanto pior, desde que devido aos filtros que os autores santos embutiram, nós agora somos incapazes de reconstruir o que essas contemporâneas importaram no discurso público de Jesus. Sendo discípula moderna de Jesus, Rosemary Radford Ruether deplora que o Deus masculino monoteista amplificou dominação em muitar áreas: homens sobre mulheres, homens sobre animais e o resto da natureza. Igualmente óbvio é para Schüssler-Fiorenza que as teologias cristã e judaica após o holocausto têm que recusar um Deus patriarcal, "e podem fazer isso apenas se lamentam a perda das contribuições de mulheres e rejeitam a sua desumanização teológica." O protesto delas é "contra a destruição da vida que com demasiada frequência é legitimada por um Deus abusador que é uma projeção e defesa de interesses patriarcais."[88]

Acusar um Deus abusador? Sim, é isso que fez Abraão em Génesis 18: "Não faria justiça" – e seja sujeito a ela – "o Juiz de toda a terra?" Se Miriam Com Parteiras colocam o Senhor do Universo no banco do réu, isso pode aparecer desrespeitoso para cristãos, enquanto o rabino Irving Greenberg enfatiza que "nenhum processo na liturgia judaica pode ser autêntico sem incluir o julgamento de Deus também."[89] No

---

87 Ellis 1997, p.139.
88 Ellis,1997, p.138-139.
89 Greenberg 1993, p.213.

56

seu drama *O Julgamento de Deus (como feito no dia 25 de fevereiro, 1649, em Shamgorod)* Eli Wiesel reencena tal processo. Mas também o autobiográfico "Não!" do sobrevivente de Auschwitz Imre Kertész no seu *Kadish por uma criança não nascida* tem relação com o filho que Miriam dá à luz: "Não! Nunca pudesse eu ser pai, destino, Deus de outro ser humano, Não! Nunca outro menino deve passar por aquilo que eu tinha que passar, Não! ..."[90]

Também Martin Buber, defendendo um Deus humano, acusa um Deus diferente: "Se o Deus de amor e mercê, justamente por causa da sua compaixão, não aguentou de ver Abraão querendo sacrificar o seu filho – como pudesse ele ter permitido que seu filho próprio foi matado, e até de maneira mais cruel, mais desumana do mundo?"[91]

E Sara, que tinha chamado o seu filho *itzchak*, Ele-vai-rir? O que é que ela comentou sobre o sacrifício patriarcal por pouco prevenido? Nada. Após só cinco versos subsequentes (Gen 22:20-24) relatando com orgulho a respeito dos 12 filhos das suas cunhadas Milca e Reumá mas nem mencionando Sara, ela morre simplesmente e é enterrada em Hebrom. Epitáfio pelo rabino humanista Edward Klein: "Sara deixa Abraão, para nunca mais se reunir com ele ou falar mais uma palavra com ele até a morte dela que deveras pode ter sido causada pelo que aconteceu a Isaque."[92]

Pelo menos a versão válida do sacrifício de Isaque, prevenido por Deus, acabou com o sacrifício humano entre judeus.

O filho da Miriam violada virou um oponente proeminente de violência. Tal elogio para Jesus parece ingénuo em face de inumeráveis versos violentos dele, relatados nos evangelhos. Por boas razões, porém, Gerd Lüdemann, o perito alemão do Novo Testamento, considera nenhum dos versos assustadores de Jesus respeito ao complexo cristão do inferno (Mateus 5:22, 8:12, 10:15, 10:28, 11:22-24, 18:7-9, 22:13 ...) como autêntico – inclusive o verso Mateus 25:41, pintado por Michelangelo na parede da Capela Sistina e que de modo nada fraco lembra seleção em Auschwitz: Então dirá o Rei também "aos que estiverem à sua esquerda: Apartai-vos de mim, malditos, para o fogo eterno ..."

Tal elogio ao fogo seria mais do que estranho para um Jesus cujos

---

90 Kertesz, p.118.

91 Buber, Martin (Hg): Aggadat Bereschit. Wilna 1925, p.31 (nach Lapide 1988, p.58 f.)

92   Edward J.Klein, "My Jewish Odyssey", em: Humanistic Judaism, No.1, 2105, Farmington Hills, Michigan, p.40-41. Klein difere de R.E.Friedman (p.330, 331, 345) em atribuir Gênesis 22:11-16a não a P, mas à fonte Yahvista J.

seguidores mais fiéis, os Ebionitas, queriam extinguir o fogo do sacrifício animal no templo. "Ebionitas" foi o nome posterior dos Nazoreanos ou Nazarenos (Atos 24:5) que eles mesmos eram os sucessores da Igreja primitiva de Jerusalém; O próprio Jesus é chamado Nazareno (Marcos 14:67) como também Nazoraio (Atos 4:10). Os Ebionitas consideravam Jesus sendo profeta puramente humano e reformador da lei mosaica como Moisés. Eles acreditaram na ressurreição dos mortos e esperavam para a volta de Jesus. Praticaram não-violência incluindo recusa de serviço militar. Fiéis ao mestre, rejeitaram o sacrifício de animais e substituiram o fogo dos altares por um elemento extintor: as aguas do batismo. E clara como agua era a razão por que eles tiveram que rejeitar decididamente a doutrina paulina de redenção baseada em Jesus como sacrifício sangrento de expiação: Na visão deles, "Jesus tinha estabelecido o batismo como meio de purificação e expiação em vez dos sacrifícios animais sangrentos. Nessa prática, ele meramente realizou o que Moisés desejou: a abolição de sacrifícios animais. [...] A cristandade tinha sido liberada do culto de sacrifícios judaico não pelo sacrifício universalmente eficaz do filho, como a Igreja que seguiu a Paulo acreditou, mas antes pela agua do batismo com que Jesus tinha extinguido o fogo do culto sacrificial."[93]

Jesus, que chamou um menino e o pôs no meio deles e disse: "Se não vos converterdes e não vos fizerdes como meninos, de modo algum entrareis no reino dos céus" – este Jesus tomou partido para os três grupos mais fortemente ameaçados por violência masculina: crianças, mulheres, animais. E acabou sendo abusado para justificar um celibato que parece ter contribuido de grau nada pequeno ao abuso de menores por clérigos. A cruz à qual ele foi pregado como o Cordeiro de Deus por mil anos justificou violência contra animais por mil anos. A mesma cruz implica um desdém pelo corpo, desdém que resultou em desprezo, senão na queimação, de mulheres. Na forma da cruz preta dos cruzados o símbolo marcou e marca tanques, navios de batalha, aviões de guerra, acompanhando a repetida destruição da Europa, e de seis milhões descendentes dos alegados crucificadores deste mesmo Jesus.

No seu ensaio *Man into Wolf*, o filósofo judeu Robert Eisler descreveu como o estupro de mulheres é ligado com a transição dos nossos ancestrais humanos pré-históricos ao consumo de carne. No animal aprendimos ser violentos. Propensão para violência foi

---

93 Schoeps, Hans-Joachim, p.60 e 83.

remunerada por sobrevivência, tornou-se vantagem genética para os descendentes de homens que tinham aprendido pular restrições instintivas contra impulsos sádicos: Essas tribos genetica e socialmente novas "caçaram as manadas mais conservadoras de coletores de frutas relutantes em adotar o novo, sanguinário estilo de vida, matando os machos, estuprando e escravizando as fêmeas, assaltando elas ... [94] Centenas de milênios depois, Gabriele Schwab, nascida na Selva Negra alemã e hoje professora de literatura na California, escreve em "Haunting Legacies": "Existem formas de violência – o *holocausto*, *genocídios*, *tortura* e *estupro* – que são consideradas além de possível apresentação. Mesmo assim, eles chamam para discurso, depoimento, testemunho". Miriam com Parteiras evidenciam que até a forma ultrajante de violência que elas sofreram não é "além de apresentação" mas ao contrário chama para tornar-se objeto de discurso e palco. "Precisamos", Schwab escreve, "de uma teoria de narrativa traumática que trata do paradoxo de contar o que não pode ser contado ou que foi silenciado."[95]

E a tortura extrema de crucificação que não é além de apresentação? Não é que se parece com o estupro, este "regresso para um desamparo catastrófico semelhante àquele duma criança abusada"?[96] A cruz, como tortura detalhadamente apresentada, estreitamente ligada com os genocídios que começaram em 1492 e 1942, marcou o fim de uma vida cujo começo em violência sexual foi além de apresentação ou ficou silenciado. Miriam com Parteiras o contam e atuam.

"Teatro é sobre incorporar emoções, dar voz a elas, tornar-se engajado ritmicamente, tomar e incorporar papeis diferentes." O psiquiatra americano Bessel van der Kolk, nascido em 1943 na Holanda ocupada, neste sentido enxerga teatro como terapia física também: "Teatro é sobre buscar caminhos para contar a verdade e comunicar verdades profundas à sua plateia."[97] Na maneira do *Boston Trauma Drama* descrito por Van der Kolk, no sentido de Augusto Boal e seu *Teatro dos Oprimidos* como também do psicodrama de Jacob Levy Moreno, Miriam Com Parteiras pudessem ter efeitos libertadores para um elenco de mulheres traumatizadas por violência.

Vamos concluir com um verso utópico que o filho da Miriam bem

---

94 Eisler, p.37.
95 Schwab, p.48: "Existem formas de violência – o *Holocausto*, *genocidio*, *tortura* e *estupro* – consideradas fora da possibilidade de apresentação. Mas também elas chamam para fala, depoimento e testemunho."
96 Schwab, p.153.
97 Van der Kolk, p.337.

conheceu: "E morará o lobo com o cordeiro, e o leopardo com o cabrito se deitará, e o bezerro, e o filho de leão e o novilho cevado se andarão juntos; e um menino pequeno os guiará." (Isaías 11:6). Hoje, ou já faz tempo, é hora para reverter a predatorização – *Man Into Wolf* – da nossa espécie. Hora para uma luz que Robert Eisler reconhece no horizonte:

"Como Carl Jung viu tão claramente, a tradição da Queda no Jardim do Éden é um arquétipo ... Se, porém, houve uma Queda muito definitiva, se 'a natureza humana' originalmente não era lupina [jeito de lobo] mas a de um animal pacifico, frugivoro, não lutador e até não ciumento, que desenvolveu seus presentes hábitos predadores, homicidas e ciumentas apenas sob pressão ambiental extrema por imitação dos inimigos sanguinários da própria espécie, então há esperança para mudança da nossa organização social e nosso ambiente, gradualmente ou de repente, de tal maneira que podemos descartar a mascara fatal do lobo, domar o bicho 'arquetípico' dentro de nós, e restaurar a humanidade ao seu estado prístino de ahimsa ou inocência, assim realizando paz na terra para homens de boa vontade."[98]

Durante a guerra trazida para Polónia por um menino austríaco espancado quase até a morte pelo seu pai, um filho que costumava educar o seu cachorro da raça pastor alemão da mesma maneira e gostava de ser chamado "Herr Wolf" (Senhor Lobo), Itzig Manger escreveu a canção seguinte, cuja melodia cantam as Parteiras de Miriam:

Unter di khurves fun poyln a kop mit blonde hor. Der kop un zay der khurbn, beyde zenen vor.	Nas cinzas da nossa Polónia a moça loirinha jaz. As cinzas e minha menina, as duas são reais.
Iber di khurves fun poyln falt un falt a shney. Der blonder kop fun mayn meydl tut mir mezukn vey.	As cinzas da nossa Polónia cobre a neve que cai nas loiras madeixas da amiga, dando a mim tanto ai.
Dolye mayn dolye,dolye,dolye mayne.	Sina triste minha,sinha triste minha.
Der veytik zitst baym shraybtish un shraybt a langen briv. Di trer in zayne oygn iz emezdik un tif.	A dor se senta na mesa tem carta pra escrever. na gota nos olhos dela, verdade se pode ler.

---

98 Eisler, p.44 e 51-52.

Iber di khurves fun poyln
flatert a foygl um.
A groyzer shive foygl,
er tsitert mit di fligl frum.

Dolye mayn dolye,dolye,dolye mayne.

Der groyze shive foygl,
mayn dershlogn gemit:
Er trogt oyf zayne fligl
dos dozike troyer lid.

Dolye mayn dolye,dolye,dolye mayne.

La fora sobre as cinzas
um'ave consegue voar.
A grande ave de luto,
as asas tremendo no ar.

Sina triste minha,sinha tristeminha.

A grande ave de luto,
minh'alma na escuridão
a ave carrega nas asas
aquela triste canção.

Sina triste minha,sinha tristeminha.

Miriam com Parteiras
Quatro moças ao presépio

Pessoas:
Miriam, uma moça solteira no fim da gravidez, recebe a visita de
três amigas, a saber:
Abigal
Mical
Dina

Época: 3 a.C.   **Lugar**: Nazaré na Galileia

Acessórios:
Panelas de metal, usadas como capacetes e tambores
Um banco de madeira sem encosto
Uma roca com lã solta
Um fuso com disco (veja abaixo)
Uma vassoura
Um martelo.

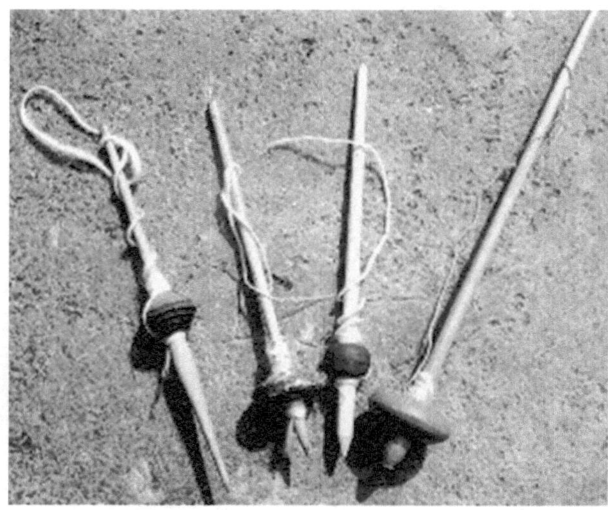

Fusos antigos,
com discos feitos
de cerámica (fuso
víquinge, século
VI, à esquerda),
de pedra sabão e
de barro.

1ª Cena: As três parteiras no caminho para Miriam

Aberturap: Assim se pudesse chamar a música de abertura da peça, apresentada pelas parteiras.

Dina, uma mulher mais madura, com bolsa de pano no ombro, entra do lado esquerdo e anda ao centro do palco, ali se vira e continua "andando" (mas ficando no mesmo lugar) em direção à plateia.

Dina: Quando chegam
mulher bonita, toma banho no esterco
quando chegam,
moça linda tão bemvinda
fuja dessa bem depressa
quando chegam.
Moça sereia te faça feia
ou vai ter meia sua estreia
quando chegam.
Moça bela, nossa donzela
quem gosta dela mexa com ela
quando chegam.
Prepara-se pra ser bolacho,
respira hálito deste macho
quando chegam.
vá com calma e prazeres,
são humanos, estes seres'
não importa que tu queres,
nois já nota, tem xoxota.

(Abigal, também com bolsa de pano, entrou do lado direito e agora fica parada indecisa perto de Dina).

Dina: Então vamos.

(As duas "andam" ficando no centro do palco e declamando o rap juntas. Abigal tira uma panela da sua bolsa e começa batendo o ritmo com uma colher).

As duas: Oi moçinha, seja bonzinha
         sabe que o homem prega
         e quer xoxota pra entrega
         e moçinha nunca nega
         quando chega.

         Tem que cuidar-te de soldado,
         qualquer povo, qualquer lado
         qualquer país, qualquer estado
         sim ou não circuncidado,
         quando chegam.

         Ouça moça minha alerta
         seja sempre bem esperta
         homem é pra ereção,
         mulher não é pra dizer não,
         só pra prestar satisfação.
         Homem que luta quando cansa
         quer puta mansa que bem transa
         e sem demora se entrega
         quando chega.

         Se moça fica divertida
         a coisa já é aprendida
         e na grota, na xoxota,
         já se nota que lá brota
         a por graça concebida
         tão amada nova vida
         atraida por amor.
         A moça astuta tem humor
         e nunca, ouça, nada nega
         quando chegam.

(Mical, igualmente carregada, entrou do lado esquerdo e olha indecisa para Dina e Abigal).

Abigal: Então vamos!

(Elas continuam andando no ritmo do seu rap, agora acompanhadas também pelo instrumento rítmico de Mical, um vaso de grão seco).

A três: De nada importa que tu não merece
estupro é coisa que moça agradeçe
louvando na prece o grande favor
e os caminhos do nosso senhor
do nosso Deus acima no céu
e o presente que ele te deu
fazendo grátis o ventre teu
gravido.

E quando estoura, bebê sai pra fora
e tu lhe tá dando o teu peito
primeiro o esquerdo, depois o direito
e ele bebe, e tu tá olhando
e de súbito tá recolhando
bebê tá tão lindo, mas cujo é?

É daquele que viola,
do inimigo que assola
vexa de guerra a nossa terra
fertilizando com seu semente
as nossas moças, a nossa gente
e você, a estuprada,
ficará a entravada,
algemada pela cria
à lembrança deste dia
quando chegaram.

Abigal: Num dia ensolarado, de manhã, como agora.

Mical: Vamos ter muito sol hoje, minha mãe falou.

Abigal: Hoje?

Mical: Não, então, na época.
Aliás, Dina.

Dina: Hm?

Mical: Acho certo.

Dina: O que?

Mical: Sua ideia de nós visitar a Miriam.

Dina: Parteira boa é curandeira.

Mical: Mas você acha realmente que isso vai ajudar a ela?

Dina: Por que não?

Mical: Reabrir a velha ferida?

Abigal: Três feridas velhas. Sua ferida, Mical, minha ferida, e a ferida da Miriam, logo a estourar. Dina, você como a parteira mais experiente de Nazaré, como chegou a essa ideia? Por que você quer nós três virgens reunir de novo?

Dina: Por que?

Mical: Sim, por qual motivo?

Dina: Abigal, você não engravidou. Mical, você não permaneceu engravidada. Mas Miriam?

Mical: Então você pensa que Miriam tem o maior problema enquanto vocês duas tinham boa sorte, escaparam meio ilesas? Você acha que eu jamais vou ser capaz de esquecer como os três legionarios estavam de pé acerca de mim?

Abigal: Esquecer como este canalha me jogou no chão, você acha que isso vai sair de mim um dia, sair da minha cabeça, do meu corpo?

Mical: Esquecer como os três porcos sujos me perguntaram, então moçinha, você gostou de ser varrida certinho de novo enfim?

Abigal: Então moçinha, você não vai agradecer a mim? Não é que eu fiz bem pra você mas muito bem mesmo?

Mical: Claro que ela gostou, senão, será que ela tivesse ofegado tão forte e sacudido a bunda? Soldado é sempre preparado.

Abigal: Titus sabe o que a moça cabe.

Mical: Por favor, Abigal, não diga isso mais uma vez. Você já sabe que isso é exatamente o que ele disse.

Abigal: O quê? Titus sabe o que a moça cabe?

(Fora de si, Mical joga Abigal ao chão e senta-se nela).

Mical: Eu falei pra você não diga isso mais uma vez. Pois é que não aguento, é que cai sobre mim como neste dia. Como agora eu fico deitada sobre você, neste dia ele ficou sobre mim, acima ofegando e soprando seu mau hálito no meu rosto e abaixo pisando seu pinto no meu corpo. Sim, assim mesmo, outra vez e outra, e os camaradas dele riam e falaram (ela cita e atua com seu corpo inferior em ritmo coital): Duro, cara, mais duro, da pra ela o que merece, da pra ela pra que aprenda como romano costuma entrar, vamos moleque, não seja tão mole nem a deixa tristonha nem seja vergonha pra nosso glorioso exército de Ro-o-o-oma! (Exausta e desolada, ela deixa descer sua cabeça ao lado da cabeça de Abigal, mas logo recupera).
Desculpa, Abigal. Desculpa, viu. De repente irrompeu de mim.

Abigal: Não faz mal, entendo você inteiramente. Tó muito compreensivo, verdade. E quem entenderia você senão eu? Mas por favor, não faça isso de novo, combinado?

Mical: Dina, você viu isso? Viu sim e sabe que tudo isso fica dentro de nós até hoje. Portanto, como nós dois pudessemos conseguir ajudando a nossa Miriam?

Dina: Quem mais? Quem mais pudesse ajudar senão vós duas, nós três?

Abigal: Então tá bom. Parteira boa é curandeira.

(À melodia de "Unter di khurves fun poyln", elas cantam ...)

Dina: Para a casa da Miriam
Nós guia a estrela d'alva.
Levar para Miriam ânimo,

pra Miriam a grávida.

Todas: Miriam, nossa Miriam,
Miriam, nossa Miriam,
Miriam, nossa Miriam,
Miriam, nossa Miriam.

Abigal: Sobre a casa da Miriam
A lua muda sorriu,
sem graça nem dó, nove vezes
Tão longe e tão fria.

Todas: Miriam, nossa Miriam,
Miriam, nossa Miriam,
Miriam, nossa Miriam,
Miriam, nossa Miriam.

Mical: Esmagem os rostos romanos
Afogem os caras no mar.
Depois esquecemos os danos
e vamo lhes perdoar.[99]

Todas: Miriam, nossa Miriam,
Miriam, nossa Miriam,
Miriam, nossa Miriam,
Miriam, nossa Miriam.

Dina: Não. Esquecer não ajuda, nem perdoar. Miriam é jovem,
precisa de força para uma vida inteira, ou melhor: duas vidas.
O que eu quero é que ela o supera. Eu quero é um sorriso fino no
rosto dela e um calado mas carinhoso Sim para seu ventre.
Se eu consigo só levar um pequeno sorriso aos lábios dela. Apenas
um pequenino Não-mas-Sim. É isso que me tornaria feliz.

---

99 Nota: Estes quatro versos brutais reverberam quase literalmente as palavras finais do incendiário infame, assassino de Jenny Towler e Shmul Meier e estuprador duma viuva menor, encerrando a *Balada de Macheath Pedindo Perdão* na *Ópera dos Três Vinténs* de Bertolt Brecht.

2ª Cena: Na casa de Miriam, no corpo dela

Dina: Miriam? Onde está?

Abigal: Talvez já saiu pra trabalhar no campo?

Mical: E onde está a família dela? Talvez melhor nós voltarmos pra casa simplesmente?

Dina: Eu prometi a ela, e ela me prometia que seria em casa. Provavelmente a familia está no campo e Miriam só tirando agua ou no banheiro. Com nove meses, o bebê aperta na bexiga. (Ela se senta no chão)

Abigal: E o que é que o bebê na barriga dela tá pensando, na pequena cabeça que aperta na bexiga? Acho que posso imaginar.

Mical: Você acha que pode?

Abigal: Por favor me ajuda, Mical, que quero ser a criança agora na barriga da Miriam.
(Deitada de costas, suportada por Mical, cabeça para baixo, posta no colo de Dina, Abigal fala ...) Mamãe, você tá me ouvindo? Eu sei que não é falha sua que eu tó aqui dentro de você. Mas o que será quando eu sair? Vão me chamar bastardo romano? Vão dar-me apelido engraçado como Romulozinho? Ou Gaio, Julio, Augusto? Gaio, vem pra cá, jogar esconde-esconde conosco! Esconde como teu papai, ó Gaio! Julio cai fora, tá cheirando romano demais! Augusto vaza, vai brincar com menina! Romulo escuta, não luta como puta!

Mical: Abigal, você tá cruel.

Abigal: Não sou cruel, criança é. E eu facilmente posso imaginar ...

Mical: ... o que os filhos dos vizinhos vão falar? Tem certeza? Não é que depende de que os filhos ouvem dos pais deles?
(Miriam entra, mal visível, no fundo).

Abigal: E o que é que eles ouvem deles?

Mical: Talvez que o filho da Miriam é tão judeu como qualquer outro filho de mãe judia porque Miriam é tão inocente como todas as moças judias que os romanos gostam de pregar de penis como pregam os moços nas cruzes.

Abigal: Mical, você está ingênua. Você não quer ver quanto os seres humanos gostam de excluir e afastar e machucar de riso outros seres humanos.

Mical: Isso só é o lado ruim. Recorda sua infância. Lembra a Malka?

Abigal: A filha de Jokebed?

Mical: Ninguém conhecia o pai dela, mas ninguém se riu dela.

Abigal: E por que não? Porque ela era bonita, forte, animada e costumava bofetar até o gordo Joaquim (ela bofeta o punho esquerdo dela) se necessário.

Mical: E por que o filho da Miriam não seria igualmente forte? Por que você tá escrevendo este mane tekel na parede, fantasiando criança maliciosa na vizinhança? Deixa-me fazê-lo.
(Agora ela, como antes Abigal, porém entrando da esquerda, põe sua cabeça no colo de Dina) Mamãe, tá me ouvindo? Não tenha medo, eu não vou envergonhar você.

(Despercebida, Miriam avançou do fundo para frente).

Miriam: Quem ... quem não vai envergonhar a quem?

Abigal: Miriam, nós vimos de visita. (Ela é a primeira a abraçar a Miriam).

Mical: Ma nishma [hebraico: o que se ouve?], Miriam, tudo bem? Sua aparência é ótima!

Dina: Como você está agora, com seu bebe a nascer logo?

Miriam: E quem será que este bebe pudesse envergonhar? Gente, eu vi o que vocês têm atuado: Atuavam o que passa pela mente do meu bebe no ventre. Vocês acreditam que eu nunca me confrontei com essa questão? Quantas vezes é que eu já pensei nisso! Quantas vezes ponderei exatamente sobre isso na minha cabeça e sob o meu lenço!

Dina: E dai? Que é que você pensa que o bebê na barriga pensa?

Miriam: Senta, Dina, e eu vou atuar o bebê no ventre meu, com tudo que eu penso que meu filho tá pensando.

Mical: Seu filho?

Miriam: Meu filho masculino, certo.
(Ela senta, de costas para a plateia, entre as pernas de Dina, então deita devagar o seu corpo no chão e suas pernas nos ombros de Dina, para falar agora como seu filho, cabeça baixa, para Dina acima). Mamãe, como é que cheguei por aqui? E como por dentro de ti? E por que exatamente por dentro do ventre *seu*? Naturalmente eu percebi que você jamais me convidou para entrar na sua casa. Mas agora estou aqui. E quem foi que me enviou pra ti? Quem foi, sim, quem? E ele não sabia que você de jeito algum não me queria? E por que, mamãe, por que é que você não me quer? Sou seu filho, afinal, não sou? È culpa minha que estou dentro de ti agora? Aonde, então, pudesse eu ter ido embora? Aonde? Você vai ficar comigo? Prometo que não vou dar vergonha pra você.
Eu sempre vou me comportar tão bom que ouro, nunca vou machucar pássaro, nunca espantar pomba, sempre comer tudo que tá no meu prato e sempre estudar duro na escola e muito diligente. Talvez eu vou tornar-me um rabino. Um rabino sábio e bem livresco. Aqui olhem, a gente vai falar, aqui este rabino é o filho da Miriam, o rabi bar Miriam, vão falar. E eu prometo, se você me aceitar, não vou lhe dar vergonha.
(Ela endireita-se abrupto e vira-se à plateia).
Eu vou te aceitar, meu filho, e serás o meu filho, aprenderás os livros e estudarás bem duro e virás rabino. Um rabino que age justo e cuida das mulheres e das crianças e dos direitos delas. E estarás de pé no monte com braços esticados e dirás ao povo o que é justo e anunciarás a libertação e acabarás com toda a violência e expulsarás (ela começa gritando) os homens violentos e todos os filhos de puta correrão abaixo do morro como rebanho de dois mil porcos e afogar-

se-ão no mar e ofegar não mais e nunca voltarão jamais pra onde eles
rastejaram das barrigas das mães deles!!!
(Ela se acalma, palpando seu ventre com as duas mãos).
Sim, meu queridinho, eu vou te receber e aceitar, prometo, tua mãe é
pra amar te, porque a culpa não é tua.

3ª Cena: Por que você não abortou?

Mical: Por que vocês todas olham pra mim?

Dina: Nós não olhamos pra você, Mical.

Abigal: Mical, eu apenas tinha boa sorte de não engravidar.

Mical: A boa sorte de não engravidar. Que grande fortuna. Que
maravilhosa graça desmerecida de Deus.
Porém, a mim o Deus planejou dotar de um filho, e este Deus mandou um anjo, um arcanjo com elmo e couraça de couro para entregar
o filho para mim. E eu, ingrata como sou, não aceitei este filho de
Deus mas me despedi deste presente.

Dina: E eu te ajudei, Mical. Nós dois sabemos por que você não
queria tê-lo e não pôde tê-lo.

Mical: Por que não pude tê-lo? Porque eu ponderei: Será que a
maçã cairia longe do tronco? Se este bebe será menino, qual tipo de
pequeno homem é que eu mamará nos meus peitos? Um Romulus
com garganta de lobo e olhos de lobo, acenando alegre com rabo de
lobo? Um diligente jovem estuprador? Um humilhador afoito? Um
violador dotado de nome Titus ben Mical?
E caso eu desse à luz essa criança, a quem além do meu estuprador eu
fizesse um favor bonito em primeiro lugar? A quem além daqueles
machos que amam e praticam violência? Quem é a quem eu desse
suporte além do hábito machista *fuck*tual de oprimir mulheres?
E mais um detalhe, moças: Minha avó costumava dizer: Dar à luz um
filho doi como cagar tijolo. É isso o destino das mulheres, ela disse,
e homens não têm de passar por isso, selá. Contudo, o parto meu

72

seria muito mais doloroso. Um tijolo? Não, uma rocha pontiaguda eu tivesse tido de cagar se eu tivesse dado à luz deste mundo o que um arqueiro romano atirou pra dentro do meu ventre. Um estuprador eu tivesse que criar! Por que vocês me fitam, a culpada, a mãe malvada, a assassina de criança?

Dina: Ninguém te fita, Mical ...

Mical: Só fitem Miriam. Ela vai enriquecer o mundo com mais um filho de romano, com mais um prego na cruz no qual nós todas ficamos suspensas.
Peço só perguntem Miriam por que ela está fazendo isso contra nos.

Miriam: Eu vou contar. Eu senti como você, Mical. E então eu fui para Isabel.

Dina: Sua prima?

Miriam: E ela leu para mim do primeiro Livro dos Reis. Vocês todas conhecem a passagem: Então vieram duas prostitutas ao rei e se puseram diante dele ...

Abigal: Miriam, nós conhecemos a história ... [1 Reis 3:16-27]

Miriam: Declarou uma das mulheres: "Ó meu senhor! Eu e esta mulher moramos na mesma casa e eu dei à luz um filho e ela estava comigo na casa. Três dias depois de eu ter dado à luz, esta mulher também teve um filho. Estávamos sozinhas, sómente nós duas naquela casa. Ora, certa noite morreu o filho desta mulher, pois ela, dormindo, virou-se sobre seu filho e o sufocou. E levantou-se à meia noite, e tirou meu filho do meu lado, enquanto tua serva dormia; e o deitou no seu seio. E a seu filho morto deitou no meu seio. E levantando-me eu de manhã cedo, para dar de mamar a meu filho, eis que estava morto! Mas, olhando pra ele na luz da manhã, eis que não era o meu filho que eu tinha dado à luz!"(Ela se vira para Dina que agora – como Salomão – senta no centro, de frente para a platéia)

Mical: Então falou a outra mulher (ela se levanta): "Não, mas o vivo é meu filho, e teu filho é o que está morto!"

Miriam: Porém esta disse: "Não, o filho teu é o morto, o meu filho é o vivo!" E continuaram disputando perante o rei.
(Miriam se coloca, olhando para *Salomão*, oposta a Mical.)

Dina: Então falou o rei: "Uma diz ...

Mical: Este é meu filho, o vivo, e o morto é teu!

Dina: E a outra diz ...

Miriam: Não, o morto é teu filho, e meu o vivo!

Dina: E ordenou o rei: "Trazei-me uma espada!"

Abigal: E trouxeram uma espada diante do rei. (Ela passa para Dina uma concha cumprida e empoleira-se – como a criança – entre Miriam e Mical que continuam encarando Dina).

Dina: E disse o rei: "Cortai este menino vivo em duas partes e dai metade a uma e metade à outra!"

Miriam: Meu Deus, que é isso? Não, meu senhor, por favor! Dai-lhe o menino vivo, não o mateis!

Mical: Mas eu insisto: Nem seja teu nem meu, cortai-o ao meio!

Dina: Então o rei respondeu, proclamando: "Dai o menino vivo a ela, e não o mateis! É ela a mãe!"

Mical: E eu sou a cruel, a mãe falsa, sou eu que virou-se sobre seu filho e o sufocou, roubando a ele a vida por meu corpo pesado e insensível, por minha angústia covarde. Sou eu a cruel porque tão leviana, tão descuidada eu escolhi abortá-lo? Uma criança que eternamente tivesse me lembrada deste bruto, e para sempre tivesse me ligado com a canalha?

Dina: O problema, não: o *teu* problema é, que este bebe não era só o filho da canalha mas também o seu.

Mical: Minha própria carne e sangue, verdade! Separar-me de uma parte de mim eu devia, como raposa pegada na armadilha morde a própria perna que a agarra por dentes de ferro. (Ela parece retirar-se para o fundo por vergonha, enquanto está preparando uma cena própria). Armadilha de ferro, com dentes arrebatadores. Ferro como estas panelas de cozinha. Panelas? Não, são elmos romanos. Ponham nas sua cabeças bonitas e fiquem de pé em torno de mim como naquele dia. E você, Dina, vai jogar os estupradores, para você ver o que é meu problema de verdade. E eu, eu não vou resistir a vós três.

(Abigal, Miriam e Dina põem os vasos, que quase cobrem seus olhos também. Dina pega Mical e joga-la ao chão).

Dina: Como tu queres que nós te manuseamos, pequena judia Mical? Tu não mereces, mas pode proferir qualquer dos seus desejos, suas vontades são nossas ordens e nós vamos ler tudo nos seus olhos.

Abigal: Fique tranquila, não vai sentir mal. Ao contrário.

Dina: A gente não quer machucar te, pelo contrário. Só quando resiste ao poder romano, as coisas pudessem tornar-se menos prazerosas. (Ela se ajoelha de pernas abertas sobre Mical e aperta os ombros dela ao chão). Olha nos meus olhos, moça judia ...

Mical: A moça judia cuspe no seu rosto!

(Abigal e Dina reviram Mical bruscamente, face para baixo).

Dina: Agora eu vou cuspir-te algo, sua puta caipira!

Abigal: Paga ela, camarada, e mostra a ela como se faz no exército. Mas não a estraga, entende, depois é a minha vez!

Miriam: Deixam-la, seus porcos sujos, deixam-la em paz!
(Ela segura um fuso contra Abigal).

Abigal: Rapaz, qual tipo de homem é você? Tipo gay, tipo tímido, certo?

Miriam: Deixam-la, ou eu ...

Abigal: Ou que?

Miriam: Ou eu vou matar vocês, seus porcos!

(Miriam tira o fio do fuso, aparece uma faca brilhante. Abigal recua, Dina deixa Mical e pula).

4ª Cena: Miriam profetiza

Dina: Miriam, nossa Miriam. Acalme-se. Eu sou Dina, sua amiga, e tudo era só encenado, só encenado.

Abigal: Realidade é apenas a faca, né? Faca no fuso. Onde é que você arranjou, querida Miriam?

Mical: Miriam, tá tudo bem agora. Tudo bem comigo. Por favor, me da a faca.

(Hesitante e tremente, Miriam pega o fuso na lâmina e entrega-o para Mical).

Mical: Afiado como um punhal. De onde ...

Miriam: Caseiro.

Mical: Quando?

Miriam: Oito meses atrás. Quando eu ainda não sabia que estou grávida, eu queimei o cabo de faca velha de cozinha e coloquei um disco nela.

Abigal: Para quê? (Ela considera o fuso que Mical passou pra ela, depois o entrega para Dina.)

Miriam: Você pergunta para quê?

Dina: Miriam, agora você de repente esqueceu a cena e saiu do seu papel ...

Miriam: Sai do meu papel?

Dina: Mas é bom que fez. Muito bom, de verdade.

Miriam: Não, não é bom, de jeito algum. Essa punhalada em mim nunca vai sarar. Minha ira contra as caras nunca vai se acalmar. E sabe por quê? Porque são covardes. Eles se consideram homens fortes e na realidade são os mais covardes entre *todos que urinam na parede* [I Samuel 25:22; I Reis 16:11]. Se três leões me tivessem rasgado, três ursos me comido, tudo bem. Mas é que foram três porcos, três porcos machos sorrindo grunhindo, assistindo o porco chefe vestido na pele de pantera comendo meu corpo. O pai do meu filho é um porco, covarde pateticamente, vocês entendem? Digam-me como amar um filho cujo pai ...

Mical: ... cujo pai não é humano, certo?

Miriam: Eu tenho pesadelo quase cada noite. Neste sonho, estou nas mãos de três soldados e eles me podem tratar à vontade. Cada noite. Quando vai terminar isso?

Dina: Vai terminar – talvez – se você passa por isso novamente, mas não como vítima. É isso o motivo porque embutiu a faca no fuso. Tem que passar por isso de novo e sair diferente. Senão no seu sonho, então aqui na sua cozinha. Pega o fuso, Miriam, por favor. (Miriam segura a ferramenta como em transe).
Podemos encenar isso, não podemos? Com faca. Talvez isso te ajudará, Miriam. Então mais uma vez, agora o inverso, de repente três mulheres contra um homem: Mical fica deitada no chão, eu sou o porco, Miriam tem a faca e Abigal essa corda ... (ela retira seu lenço) para atar me. Mãos nas costas. E não apertam demais, é só uma cena. Vamos começar novamente a partir de "Agora eu vou cuspir-te algo, sua puta caipira!"

(Posições iguais como antes deste ponto. Depois da ameaça, de repente Miriam, de atrás de Dina, põe a faca no pescoço dela. Dina abre mão de Mical que rola à parte. Miriam aperta Dina ao chão, face para baixo, Abigal amarra as mãos dela às costas, depois colocam Dina sentada, face à plateia, com a faca ainda no pescoço).

Abigal: Agora é a sua vez. Só não vamos comer teu carne de porco!

Dina: Não! Não! Por favor não façam! Deixam-me viver, eu peço vocês! Não queria maltratar alguém, so queria ter um poco de animação...

Abigal: Animação? Um pouco de sexo com mulheres que não querem ter sexo, e muito menos com canalha suja romana como você?

Dina: Moças, é assim como se joga o jogo no mundo inteiro: As moças dos vencidos são o gozo dos vencedores, certo?

Mical: Isso é a sua regra do jogo. Mas agora nós somos as vencedoras. Ouçam, moças, quem de vocês quer ter prazer com ele? Miriam? Abigal? Eu também não. Bem, se você fosse homem ...

Abigal: Diga que você é um porco!

Dina: Eu sou um porco.

Abigal: Agora diga: Por favor, meninas, sejam razoáveis ...

Dina: Por favor, meninas, sejam razoáveis.

Abigal: Mas isso é justamente como vamos agir, rapaz: com razões afiadas como faca. Jura que nunca mais na vida você vai desonrar mulher.

Dina: Eu juro, nunca mais.

Abigal: Mas como podemos confiar em você se não transformamos você em menina antes? Você gosta de meninas, não gosta?

Dina: Sim, eu gosto de meninas.

(Miriam tira a faca do pescoço de Dina, entrega-a para Mical e, de atitude pensativa, sai da cena).

78

Mical: Miriam, o que tá com você?

Dina: Estamos jogando errado? Assim não ajuda?

Miriam: Não sei por certo. Dina não é Pantera. O que vocês estão jogando não é sério. Não como naquele dia. Não tem o cheiro de suor e couro, nem a espada na mão dele, nem sua pele na minha. E vingança não vai ajudar-me, porque não ajuda a ele (ela apalpa a barriga).

Dina: Mesmo assim, só tenta, por favor.

Miriam: Me passa a faca, Mical. Não te assustes, Dina. (Ela põe a faca no pescoço de Dina, como antes) Qual é o seu nome, porco?

Dina: Pantera. Eu sou o Signifer da minha centúria. Eu visto pele de leopardo, ganho salário dobro. Mas por favor não me façam maldade, eu peço.

Miriam: Qual tipo de maldade pudesse eu fazer a um leopardo tão forte?

Dina: Tu tens faca ...

Miriam: Tu tinhas penis, naquele dia. Lembra como me apunhalou?

Dina: Mas eu deixei a moça viver.

Miriam: Deixou? Sim, deixou me viver contigo, por toda a vida. (Ela pega a faca na ponta e a segura vertical, o cabo acima lembrando a cruz) Tá vendo a faca, romano?

Dina: Estou. Tu podes matar-me. Mas não faças, peço. Tenho esposa e filho.

Miriam: Tu ... tu tens filho?

Dina: Tenho um filho, com três meses de idade.

Miriam: E esposa? Um como tu, um porco como tu tem filho e esposa?

Dina: Meu filho tem o nome Dan e minha esposa se chama Leila, somos do Líbano.

Miriam: Dan e Leila, que fofo!

Dina: Para ser exato, não somos casados ainda, sou o noivo dela apenas. Mas durante as próximas férias, nós ...

Miriam: O noivo dela? Um tal como tu é o noivo de uma mulher?

Dina: Leila é mais ou menos da tua idade ...

Miriam: Meu noivo ... meu noivo José prometeu que vai adotar o menino como filho, como filho dele. (Ela rebaixa a faca).
Soltam o soldado.

Mical: O que é que tem. Miriam? Não mais ódio, tão de repente? Perdoado e esquecido tudo de uma vez?

Miriam: José diz que vai criar o menino e fazer um rebelde dele.

Mical: Um rebelde? Como os dois mil que Varus crucificou? Miriam, volta a ti! Menina, tu sabes o que os romanos miram quando crucificam milhares dos nossos jovens homens e ocupam milhares dos ventres das nossas virgens.

Abigal: Erradicar judeus e implantar romanos, é isso que pretendem, para fazer romanos de nós já no ventre das mulheres.

Miriam: E vocês acreditam que me ajudam quando repetem isso dez vezes e mais? Vocês podem girar o tempo para trás por nove meses? Eu quero olhar em frente porque em frente é meu ventre e em frente é a vida. Agora ouçam como eu grito em frente: Sim, eu vou chamar-lhe Yehoshua, e ele não vai ser romano. E ele vai expulsá-los e os seus pés estarão sobre o monte das oliveiras, e vai desembainhar a espada e o Senhor dos Exércitos mesmo vai liderar a batalha, e o monte se dividirá ao meio, e fogo vai cair do céu e o escurecerá e na escuridão os romanos levantarão as mãos contra romanos. E então meu filho entrará em Jerusalém. E a pedra quebrada saída da moça estuprada vai tornar-se pedra cabeça de Israel ... Hosana! Bendito

80

seja Ele que vem do meu ventre! Estendam mantos pelo caminho e ramos das palmeiras quando marchando ele entra em Jerusalém. (Ela se senta no banco, olhando pra frente, à plateia).

Mical: Marchando entra? Não, tirando dele as roupas o açoitarão (ela se levanta), na cruz o pregarão, processo curto os romanos lhe darão e Deus algum não o ajudará. Onde era Deus nove meses atrás? Onde era Deus quando Varus tirou dois mil fieis das suas casas e quando os romanos rasgaram as roupas dos corpos deles (ela rasga sua roupa exterior do seu corpo).

Abigal: E quando as conduziram por chicotes através da cidade e flagelaram a pele dos corpos deles até o sangue fluiu das suas sandálias (ela derrama vinagre tinto sobre o corpo superior de Dina) ...

Mical: ... e pregaram suas mãos nas vigas (ela estica os braços) e os empurraram subindo o morro (ela fica de pé atrás de Miriam), cada um com uma viga nos ombros vermelhos (ela pega os braços de Miriam de atrás, e as abre aos dois lados como os seus próprios) ... E onde era Deus quando elevaram as vigas e as colocavam nas vigas verticais e pregaram os pés dos judeus também ... (Ela devagar eleva Miriam, aconchegando a sua cabeça quase ternamente junto com a cabeça de Miriam) ... de modo que os filhos de Israel suspensos nos seus pregos puderam mirar os picos dos morros enquanto no fundo do vale os legionarios pregaram suas esposas e filhas?

Dina: Você pergunta onde era Deus? A moça judia ingénua pergunta onde era o Deus? Vou dizer-lhe: Ele foi com os pregadores! Sim, eu foi com os pregadores! Posso apresentar-me? Meu nome é Jupiter. Se vocês tivessem um poquinho de educação superior, suas judias caipiras, soubessem que eu, o Deus Jupiter, costumo usar muitos disfarces para tomar pela força as mulheres terrestres: A bela Europa eu tomei disfarçado de touro, a Antiope eu transei como Sátiro, a Leda eu comei nas plumas de cisne e nem poucas vezes nos meus namoros com moças nem muito dispostas eu gerei filhos de Deus bonitos.

Abigal: (soltando a posição crucificada com Miriam) Dina, agora eu tenho que esquecer a cena e sair do meu papel. Deixa fora da cena o voluptuoso deus romano, ele não é o nosso, concorda?

Dina: Mas é nossos ventres que os romanos ocupam, bem de acordo com seu voluptuoso deus superior Jupiter. Filho de peixe peixinho é. Tal pai, tal filho.

Mical: E onde está o grande Pai, o nosso Hashem que deveria proteger seu povo e punir os inimigos com mão forte e braço extendido?

Dina: Sim, onde fica Adonai? Onde se esconde o Senhor dos Exércitos?

Miriam: Onde Ele se esconde? (Ela palpa sua barriga). Deus meu, Deus meu, por que me desamparaste?

Mical: (Gritando) Meu Deus? Nenhum deus! É isso a verdade, meninas! E vocês podem implorar a Ele nos seus joelhos, podem rogar e suplicar a Ele, Adonai Eloheinu, melech haolam, o Senhor não vai aparecer. Para Moisés, verdade, para Moisés Ele se mostrou, pelo menos de costas, na época quando o Senhor nosso Deus fez a aliança com seu povo escolhido no Monte Sinai. Um pacto meio desigual. Pois punível é só um dos dois parceiros.

Dina: Puníveis são apenas os servos e servas dele, nunca o Senhor, ah não, como pudesse? O Senhor pode fazer justamente o que quer, ele pode ignorar o pacto, pode assistir no ceu em cima como na terra em baixo as suas criaturas são crucificadas e esfoleadas, queimadas e estupradas. Desde que o Senhor é também o juíz, o servo humano é sempre o reu. É assim que sempre foi e como é até hoje. Mas aqui e agora nós vamos virar do avesso e colocar Deus pra onde pertence: no banco do réu ...

Mical: E quem desempenha o Deus?

5ª Cena: Deus em tribunal

Juíza: Dina
Procuradora: Abigal
Advogada de defesa: Miriam
Deus: Mical

Abigal: (bate no banco com caneca de lata) Chega para audiência na corte a queixa apresentada pela futura mãe Miriam, trabalhadora rural, fiandeira, moradora de Nazaré, contra Deus, Senhor e criador do universo, nada constando de sexo e moradia dele ou dela. Eu não estou mencionando este fatos por divertimento. Para não deixar este tribunal tornar-se farsa, devemos ter na mente nossa que conhecemos Deus só nas imagens que nós fazemos de Deus. Se nós investigamos e talvez julgamos Deus aqui, nós apenas investigamos e julgamos nós mesmos e nossas imagens caseiras, sem dúvida erradas e perigosas, do ser nunca visto que chamamos Deus. Se eu pessoalmente acredito ou não em você (ela aponta para Mical com palma da mão aberta para cima) isso não está em causa. Se vocês perdoam minha franqueza.

Mical: Não tem problema.

Abigal: Dito isto, eu sem demora entro em medias res. Para começar, as formalidades. Você é Yahve Elohim, criador do universo, o Deus de Abraão, Isaque e Jacó.

Mical: (apertando nas suas orelhas, passando sob o nariz, um colar, e pondo nele, formando barba, lã da roca de Miriam) Estou.

Abigal: Por que você tá pondo essa barba ridicula?

Mical: Porque, como você mesma acabou dizendo, é imagêns de Deus que somos investigando e julgando aqui. E apesar de que nós somos proibidos a rigor de fazer imagens de Deus, Ele sempre vem como homem. Por boas razões.
Será que Abraão, Isaque e Jacó acataram ordens de Senhora? Será que milhares de sacerdotes e levitas servissem a Deusa?

Dina: Para não falar dos deuses barbudos dos nossos ocupantes ...

Mical: Eu quero apresentar o Deus no qual a maioria acredita, até uma maioria das mulheres. E para jogar o papel do deus masculino, eu quero sentir o deus masculino no meu rosto mesmo, entende?

Dina: Vocês também concordam, Abigal e Miriam?
(Como as duas sinalizam acordo ...) Então eu do a palavra à procuradora para apresentar todas as acusações.

Abigal: Acho apropriado começar no inicio mesmo da vida de Deus, quer dizer sua criação do mundo dentro de seis dias, e nessa criação, no assunto dos sexos. Vossa excelência, por que você criou primeiro o homem e depois a mulher de uma das costelas masculinas, como se o corpo feminino tivesse que encaixar-se no corpo do grande macho?

Mical: Valido, prezada procuradora, é o primeiro relato da criação, dizendo: E criou Deus o homem *à sua imagem*; *à imagem de Deus* o criou; homem e mulher os criou. Se você lê atentamente, percebe que criei as primeiras pessoas como homem e mulher porque eu sou homem e mulher!

Abigal: Tem certeza, você é homem e mulher? Então peço que conte para nós como o seu lado feminino conseguia consentir em exigir de Abraão que ele sacrifique o filho dele e da Sara?

Mical: Peço que pergunte o sacerdote que inventou esse conto de sacrifício.

Abigal: E eu peço que conte para nós como um Deus meio-feminino pôde mandar o anjo da morte passar por Egito matando todos os primogênitos das mulheres egípcias?

Mical: Onde está escrita essa história de terror?

Abigal: No segundo livro de Moisés.

Mical: Então pergunte Moisés.

Abigal: Pergunto você por que um outro profeta pôde citar você como segue: Assim diz o SENHOR dos Exércitos: 'Resolvi castigar os amalequitas pelo mal que fizeram a Israel, atacando-o quando saia do Egito. Vai, pois, agora e fere a Amaleque, e destrói totalmente a tudo o que tiver; e não lhe perdoes; porém matarás os homens e as mulheres, as crianças e recém-nascidos, bois e ovelhas, camelos e jumentos!" Fim de citação! [1 Samuel 15:2]

Miriam: Isso é uma defamação do meu cliente por um escrivão de nome Samuel.

Abigal: Vossa excelência, diga nós se essa ordem de matar mulheres e crianças veio da boca sua?

Mical: Em todos estes casos nos quais um macho de costa cinzenta reclama ter ouvido minha voz, seria muito prudente vocês avaliarem de qual voz este Deus falou para ele, e pedir-lhe que ele imite essa voz divina. E vocês podem ter certeza de que foi a *voz tipo baixo, escuro, ameaçador de leão macho velho* (ela imita) resoando no crânio vazio dum profeta: *Vai, pois, agora e fere a Amaleque, e matarás os homens e as mulheres, as crianças e recém-nascidos, bois e ovelhas, camelos e jumentos!*

Dina: Então você está dizendo que os escrivães masculinos têm distorcido, predatorizado e masculinizado a imagem de você enquanto na realidade você é inteiramente diferente?

Mical: Tão diferente como homens e mulheres.

Abigal: Então Moisés não falou no nome seu quando ele, após de uma invasão de vingança contra os midianitas deu a ordem seguinte? "Agora, portanto, matai todas as crianças do sexo masculino. Matai igualmente todas as mulheres que tiveram relações sexuais. Porém, todas as meninas e as moças virgens, deixai-as viver para vós." [Números 31:14-18]

Mical: Genocídio em meu nome? Apenas homens puderam recorrer a uma ideia tão blasfema.

Dina: Então não é no seu nome quando o quinto livro de Moisés proclama o mandamento seguinte? "Se o SENHOR, o teu Deus, dará uma cidade na tua mão, passarás todos os homens que houver nela ao fio da espada. Quanto às mulheres, crianças, animais e tudo o que houver na cidade, tu as tomarás como presa." [Deuteronômio 20:13-14]

Mical: Os homens ao fio da espada, as mulheres para cama: Pudesse um Deus mandar tais crimes?

Abigal: Livro dos Juízes, capítulo 21: "Ide, e passai ao fio da espada todos os habitantes de Jabes-Gileade, inclusive as mulheres e crianças! Matareis todos os homens e também toda mulher que já tiver se deitado com um homem, mas poupareis todas as virgens!" E acharam 400 virgens e as levaram para o acampamento [Juízes 21:10-11].

Mical: Repito: Todos esses são textos masculinos, compilados por machos velhos maldosos de costas cinzentas. Mas mesmo assim: Todas as moças virgens foram poupadas, e elas conceberam e deram á luz crianças que talvez tornaram-se as tataravós de vocês.

Abigal: Significa que talvez nós somos as tataranetas do esperma de estupradores judeus?

Mical: Nem talvez mas com muita certeza. E não é verdade que os homens são exatamente como vocês, as tataranetas de estupradores, os querem? Não é que vós mulheres tem criado o homem na imagem predileta vossa, quer dizer como cara forte, atrevido, bom na cama? Nem timido nem gay mas homem que é homem? Não é que a filha do Rei Saul, e o nome dela era Mical, aceitou o herói Davi cujo dote de casamento consistia em duzentos prepúcios filistinos genuínos? [1 Samuel 18, 26-27]
Ou será que vocês prefiriam um mundo completamente isento de violência masculina, quer dizer, um mundo isento de homens?
Ou nem sequer um mundo qualquer?
Vocês me acusam por ter criado este mundo? Será que ser é pior do que não ser?

Dina: Eis a questão.

Mical: Claro que é. E eu, sendo o vosso criador, na verdade eu vos digo, eu conheço uma jovem mulher que uma vez, outrora, fez um

julgamento sobre a mera existência do filho dela – por aborto! Para
este filho não existe mundo algum, não é? Para essa criança nunca
houve nada porque essa jovem grávida determinou: Não, ela disse,
nunca pudesse eu ser a mãe, o destino, a criadora de outro ser humano! Não, nunca outra menina terá que passar na vida o que eu tive
que passar, estupro! Não! Assim a minha alma se enraiveceu dentro
de mim, não deve ser que isso aconteça a ela, a você, a mim!
E agora, a cena louca acabou! Não sou capaz de jogar Deus, nem o
pai divino nem a mãe! (Ela tira a barba) Graças a Deus que me livrou
dessa barba!

Dina: Mical, por favor. Você é a melhor neste papel. Por favor
tenta joga-lo, sem a barba.

Mical: Vocês querem mesmo? Então vou tentar, sem barba nem
frescura, só para receber uma resposta de cada uma de vocês: Não é
melhor para minha filha que eu não abandonei a ela neste mundo de
estupradores? E de modo mais geral: Não é que este mundo melhor
nunca ter existido? Melhor nunca ter existido nada? Nenhum palco,
nenhuma peça, nenhum elenco, nenhuma plateia? Não é que a Deusa
melhor tivesse abortado este mundo quando era grávida com ele?
Me dêem apenas uma razão por que foi bom que ela deu à luz este
mundo. Apenas uma razão! Eu vou contar até três! Eu sou Deus,
certo? Haja luz, eu disse, e houve luz, e por isso agora eu posso dizer
"Haja nada", e no momento, de repente, nada mais existe e nunca
algo existiu. E se vocês a três ainda não acharam uma razão por que
este mundo deveria existir, então não mais vai existir, porque Deusa
mandou, universo quebrou, agora há nada, e não por piada, um dois
três, com rapidez. É isso o vosso desejo, que tudo termina? Problema
nenhum, enquanto eu sou o Deus! Concordam? Reflitam, pois é sua
vez, eu já conto para três!

Abigal: Mical, será que você perdeu toda coragem?

Mical: Um ...

Dina: O que perdeu é seu bebe.

Mical: Dois ...

Abigal: Nunca mais – e por palavra de Deus nós terminamos o sofrimento e as milhares de dores naturais das quais a carne nossa é herdeira. Vamos ser livres finalmente ...
Morrer. Dormir: e nada mais.
Dizer que rematamos com um sono a angústia
E as mil pelejas naturais herdadas nos nossos corpos:
Morrer para dormir ... é uma meta muito desejável

Mical: E dois mais um faz ...

Miriam: Quatro! Nos somos quatro, e ouça, sua Deusa! Você não perguntou a nós quando criaste este mundo. Então agora você não tem o direito de aborta-lo sem perguntar a nós. E todos nós! Também o filho no meu ventre. Quem sabe o que meu filho tá planejando? Quem sabe por que ele intende a chegar?

Abigal: Exatamente. Destruição não e uma solução criativa. Com essa farsa destrutiva, Sua Excelência apenas quer distrair-nos do fato embaraçoso que Sua Excelência não tem respostas para nossas questões e queixas, tão poucas respostas como os Livros Santos que nós contam de você: aqueles livros fluidos das canetas de bandos de velhos sacerdotes e profetas barbudos. Só homem é que faz as leis. Só homem é que torna-se juíz. Este tribunal aqui é uma coisa que nunca acontece no playground dos homens. Fora da realidade masculina.
Mas o julgamento que nós vamos sentenciar é valido para a realidade, para a realidade bem conhecida que homens romanos estão praticando o estupro de moças judias como estrategia para solapar o povo rebelde. Se milhares de ventres de jovens mulheres nós presenteiam com filhos de Roma enquanto os nossos homens assistem impotentes, então as mulheres têm que achar uma solução criativa.

Mical: Finalmente vocês enxergam razão, como cabe para minhas criaturas. Para as criaturas de um Deus que se muda, que é capaz de aprender, um Deus que falou para Moisés do meio da sarça ardente: "Eu serei o que serei."

Abigal: Sua Excelência quer dizer que é um Deus que muda com a mudança dos tempos?

Mical: Com certeza. Desde que não sou uma figura esculpida em madeira seca, pedra dura, eu sou de vida, e viver é tornar-se, mudar-se, responder a situações sempre novas.
Será que eu respondi para Moisés da sarça ardente numa voz escura, rouca, rugida: Eu sou o todo-poderoso?
Não, porque poder é o contrário de direito.
Será que eu disse que sou onisciente?
Não, porque se nós estamos livres ninguém sabe como vai terminar.
Será que eu disse que eu sou o maior de todos?
Não, porque ter o maior é a mania masculína.
Por isso, por favor só memorizam a regra de três: Deus é o contrário de onipotência, contrário de saber infinito, contrário de grandeza. Deus é sem poder, mas é pequeno e na fase de aprendizagem. Em resumo, é criança.
Deus é a criança no ventre de Miriam.
E ouçam o que a criança tá falando: Eu quero viver. Eu quero que vocês me aceitarem e protegerem. Será que não mereço?
E agora é vocês, queridas moças, que têm algo pra mudar! Cortam a barba e cuidam para solução criativa!

Abigal: A corte se retira para deliberação.

(Abigal, Dina e Miriam aconselham no fundo, enquanto Mical na frente do palco anda de um lado para o outro).

Mical: Solução criativa? O que é que poderia ser? Talvez eu deveria perguntar minhas criaturas inteligentes? Perguntar a plateia que testemunhou a nossa audiência absurda? Como pudessem três mulheres achar uma solução criativa para o problema definidamente masculino de estupro estratégico? Não têm idéia? É isso que eu pressenti. E vamos apostar? Dois mil anos daqui, essa doença masculina ainda não vai ser curada, acredita? Eu gostaria tanto de perguntar as nossas tataranetas mil ou dois mil anos daqui se ainda sabem o que é estupro! Se soldados ainda dizem que as moças dos vencidos são o gozo dos vencedores? E se Deus ainda ajuda os fortes e se ele ainda tem barba e cheira de incenso, ou se ele já se tornou criança.
Solução criativa? O que é que poderia ser?

Abigal: Aconselhamos, e agora vamos.
(Ela bate a caneca de lata três vezes no banco).

A corte profere a sentença. Primeiramente, se Deus é onipotente e onisciente, ele é culpado de recusa de apoio para mulheres jovens e seus filhos gerados em violência.

Em segundo lugar, porém, Deus é, como ouvimos aqui da boca dela mesmo, na realidade muito mais um ser tão impotente e carente de proteção como uma criança. Portanto, nosso julgamento há que partir da criança que Deus é.

Daqui, como medida urgente, a lei que define a afiliação judaica precisa de ser alterada. Na primeira sentença, constatando que judeu é quem descende de pai judeu, o termo *pai* vai ser substituido por *mãe*. Assim vai ser garantido que todas as crianças que vem pra este mundo por estupro romano não obstante pertencem a nós. Vale de agora em diante que judeu ou judia é cada criança que tem mãe judia. O pai não importa.

Em terceiro lugar, o reu é sentenciado a assumir a sua paternidade para todas – eu repito: para todas e cada uma dessas crianças. Qualquer um destes filhos gerados por estupradores romanos tem o direito de chamar si mesmo um Filho de Deus e mais precisamente, na língua aramaica, um Filho do Pai, um Bar Abbas.

A sentencia é proferida, concluido o tribunal!

Mical: A paternidade para todos estes filhos! Pai no céu, por favor adote! Todos os Barei Abbas agora são os filhos seus! Abigal, você ultrapassou si mesmo com essa surpresa no fim deste tribunal.

Dina: Mical, eu acho que você não entendeu. Isso não era ficção, é realidade. Se não reconhecemos essas legiões de filhos de legionários como os nossos por valoriza-los como filhos do Pai nosso ...

Abigal: ... então os romanos tivessem vencido não só pelos seus guerreiros, mas por nossos ventres também.

Dina: Tu disseste. Miriam, o teu filho vai ser um Filho des Deus.

Mical: Ou uma Filha de Deus.

Miriam: Vai ser filho, eu o sinto. Eu o sei. Vai ser filho, um filho forte, mas não um Pantera! Nem carne nem mulheres ele vai comer. Ao invés, um grande rabino vai ser, fazendo justiça para nós mulheres.

Abigal: Vai sim!

Miriam: E ele vai pôr as crianças no centro e vai falar aos adultos: Vocês têm que mudar rumo e tornar-se crianças, sentir como crianças que não têm culpa de tudo isso que os adultos costumam fazer a elas.

Abigal: Um rabino para mulheres, pecadoras e crianças. E *Bar Abbas* o povo vai chamar a ele, *Rabino Bar Abbas*!

Miriam: O rabino Filho do Pai, de um pai que não vai sacrificar mas liberar.

Dina: Todos os sacrifícios ele vai abolir, começando com o abate dos animais no templo!

Miriam: Ele vai libertar as pombas das gaiolas, e vai derrubar as mesas dos que vendiam pombas. E então ele vai expelir os romanos de Jerusalém, todas os panteras come-todas, e como rebanho de porcos eles vão descer correndo ao mar e afogar-se na água ...

Dina: Mas porcos sabem nadar ...

Mical: Ai dos estupradores! Ele vai afoga-los como os egípcios no mar de juncos! O filho da Miriam vai ser o meu ungido, ungido com o mais fino unguento de nardo, ungido pelas mãos dessa mulher pecaminosa que abortou. Por minha unção, o filho da Miriam vai ser o nosso Messias, e ele por sua vez vai justificar a mulher pecaminosa.

Dina: Messias? Antes não almeje tão alto.

Miriam: *Yeshua* eu vou chamar meu filho, porque ele vai combater os romanos e vai subir ao monte de oliveiras e Deus vai nós ajudar na grande batalha.

Dina: Yeshua? Olha, Miriam. Yeshua já é bem lindo. Porém mais lindo seria *Yitzisha*, Sorria Mulher. Pensa de novo, Miriam!

Miriam: Yitzisha? Você tá engraçada, Dina.

Dina: Engraçada foi a yiddishe mamãe que disse, vou chamar meu filho em honra do meu pai. Vou chamá-lo avôzinho.

Abigal: Mulheres são tão burras. Vocês sabem por que o Rei Salomão era homem sábio? É simples: Ele tinha mil mulheres e nunca nunca tempo para consultar-se com uma delas.

Dina: Será que vi um sorriso no seu rosto, Miriam?

Miriam: Eu não sorri. Yeshua deu risada sobre o avôzinho. Apalpe meu ventre, ele ainda tá com risadinha.

Dina: Aliás, qual é o nome do avô do seu José?

Miriam: Jacó.

Dina: Então Jacó vai ser o nome do teu filho próximo.

Miriam: Meu filho próximo?

Abigal: E tua primeira filha Salomé vai ser mais sábia do que o Salomão.

Dina: Mas agora você sorriu, admita!

Miriam: É Yeshua que sorriu. E agora ... eu sinto ... ele tá chutando dentro, está me empurrando ... será que ele quer sair pra este mundo engraçado?

Dina: As primeiras contrações? Abigal, por favor me ajude ...

6ª Cena: Parto

Abigal e Dina levam Miriam para cama (atrás do palco), enquanto Mical dá uns passos à frente do palco.

Mical: Não. Besteira, tudo besteira. Um drama doido. Nunca vou eu ungir um homem, e muito menos o Messias que nunca vai chegar. Prefiro ficar a mulher pecaminosa que abortou. Prefiro não jogar criança neste mundo onde estuprador te foda e romano te crucifica.
Eu não abandono criança nesta terra. Eu sim abortei este bebê e não me arrependo do que eu fiz. Até estou contente um pouquinho com minha decisão. Foi o bebê deste porco romano, não meu, o meu não. Não meu tem sido o bebê com que eu não podia ficar. Meu filho, meu filho, tá me ouvindo, meu filho? Estás em paz, seguro, salvado no calor aconchegante do nada. Dorma profundo e ninguém te acordará. Ninguém te torturará, ninguém te estuprará e nunca coaxarás na cruz.
(Ela começa cantando à melodia de "Unter di khurves fun poyln")

Mical: Salvo na terra dormindo,
filho meu e meu não
na terra não tem lamento,
pra choro falta razão.
Nem horror nem piada, há no ventre do nada.

Na terra segura escondido,
nunca vão te assaltar
leões, lobishomens, panteras,
nem Deus te vai acordar.
Nem horror nem piada, há no ventre do nada.

Sobre ti brotam flores,
o vento os acarinha.
Da mãe não teras um carinho,
nunca acontecerá.
Nem horror nem piada, há no ventre do nada.

(Neste momento se ouve o bebê gritando pela primeira vez)

Sobre as flores um melro
voa pra cá e pra lá
Será que perdeu seus filhotes?
O meu eu nunca tinha.
Dorme filho meu, que nunca viveu.

(Dina deita o bebê nos braços de Mical e fica, nos pés, ao lado dela.
Abigal e finalmente Miriam se juntam).

Abigal: (continuando na melodia) E de Sabá, a Rainha chegou para
ver o bebê, (a partir daqui só falando) e viu o filho neonato, e lhe
trouxe um monte de brinquedos (ela sacude um chocalho) ...

Dina: E a mulher sábia do oriente seguiu à estrela da manhã e
achou o bebê já antes do meio-dia, e um sorriso leve mas encantador
no rosto da mãe dele.

Mical: E a mulher sem filho parou de olhar para trás, e esqueceu a
sua raiva e olhou para a criança por muito tempo, pensando sobre o
que ficou escrito na testa dela, e qual papel iria jogar um dia.

(Com Abigal, Dina e Mical cantarolando a melodia de boca fechada,
Miriam fala ...)

Miriam: E a mãe falou que dar à luz foi fácil.
           Meu filho não veio como tijolo
           nem como rocha pontiaguda.
           Mas o que será é pedra angular.

7ª Cena: Interação com a plateia

Essa interação é uma parte importante e integrante de Miriam Com Parteiras. Improvisada, e imprevisível no resultado, essa cena não obstante pode ser preparada e guiada, até por colocar atoras incógnitas (ou arruaceiros desafiadores) no meio da plateia.
O seguinte é concebido apenas como sugestão.

Dina: (Passa para frente) A última palavra de Miriam foi "pedra angular", completando essa peça estranha, tão longe de todos estes natalinhos que costumamos assistir desde a meninice. Considerando as blasfêmias escandalosas contra a Santa Virgem e o Senhor dos Exércitos proferidas nessas seis cenas por mulheres sem vergonha, nós agora convidamos a plateia para desabafo furioso da sua raiva mais que justa.

Abigal: Quer dizer, nós nomeamos vocês como a juri julgando a nossa peça, e agora nós somos as acusadas tentando defender-se.

Mical: Para que o debate não se torne selvagem, e também para que vocês se sentirem mais livres de pronunciar-se, nós temos preparado algumas teses e também convidado três representantes de três campos diferentes ...

Abigal: Mas gostariamos começar com um aquecimento na forma de uma sondagem bem geral e informal. Vocês sabem que na democracia qualquer pessoa tem o direito de afiliar-se a uma maioria segura e conveniente. Por isso, durante as seguintes votações por favor confiram quantas mãos já estão acima e então se afiliem.
Primeira escala: Vamos propor 12 atributos, e vocês podem votar para quantos quiserem, menos os três primeiros a seguir. Vocês acham que a peça foi ...
(1) boa – (2) mediana – (3) ruim?
Vocês consideram essa peça como (4) interessante – (5) blasfema – (6) ultrajante – (7) diabólica – (8) humana – (9) inspiradora – (10) chata – (11) destrutiva ou – (12) comovente?
Na segunda escala, nós propomos só uma tese que vocês podem aceitar ou rejeitar. Nossa tese é: A convivência numa sociedade pluralista exige uma certa medida de respeito para visões religiosas

diferentes [palavras chave por exemplo: Burka, aborto ...] Nossa
peça acatou ou não este mínimo de respeito necessário? Por favor
escolham sim – não – indecisa.

Dina: Se estas perguntas parecem demais jeito teatro fantoche
para crianças, por favor lembrem que o famoso poeta alemão Goethe
desenvolveu seu drama de Doutor Fausto de um teatro de fantoche
popular, e que neste drama o Doutor Fausto é perguntado pela sua
namorada grávida de nome Margarida: "Qual é a sua atitude para
com a religião?"
E eu como parteira Dina queria perguntar vocês: O nosso teatro de
parteiras é anti-religióso, ou antes bem religioso?
Vocês suportariam a ideia que essas cenas sejam apresentadas por te-
atros fomentados por secretarias de cultura, quer dizer com dinheiro
de contribuintes de impostos?

Miriam: Nesta altura, pedimos liçença para nós arguir em defesa
própria, particularmente contra a acusação possível que este drama
seja blasfemo, desrespeitoso para com Jesus, Miriam, José e também
inadequado para menores.

(Sugestão: **Abigal** argumenta a respeito de Jesus, **Dina** a respeito de
José, **Mical** a respeito de Deus, usando as teses correspondentes do
posfácio. Depois, Miriam intervem de novo):

Miriam: Agora chegamos a nossas teses, isto é as teses [do autor da
peça e] deste elenco feminino. Por favor interrompem a vontade em
qualquer ponto.
1. Nossa primeira tese se refere a meu papel como Miriam: Eu afirmo
que essa peça não realiza menor, mas muito maior respeito para com
a Miriam de Nazaré do que a tradição cristã de uma mãe de Deus que
principalmente, quer dizer do inicio ao fim, da conceição até a crucificação do filho dela, fica restringida ao papel passivo e obediente
que mulheres deveriam atuar na sociedade.
2. Minha tese segunda se refere ao meu filho que fica no centro do
nosso drama apesar de que nunca entra no palco mesmo. Afirmo que
as nossas cenas realizam incomparavelmente mais respeito também
para Jesus do que é inerente na tradição cristã de uma vítima pas-
siva, um filho destinado para sacrifício desde o inicio, gerado por pai
divino com mãe terrestre noivada com um homem honesto, gerado

exatamente para o fim de ser sacrificado na cruz, para reconciliar o pai divino com os descendentes da Eva.

3. E minha terceira tese constata: Este teatro natalino transmite uma explanação compreensível para o fato que este parto deu inicio a uma vida cujo fim é o tema de peças de Paixão de Cristo; quer dizer de cenas no palco e na rua que frequentemente desencadearam pogromes anti-judaicos. Em suma, a violência do inicio foi seguida pela violência do fim e a violência na vingança para uma assassínio cruel que os judeus não cometeram, mas para o qual os judeus foram punidos durante dois milênios.

Mical: Será que este desejo para punição justa origina da compaixão muito natural de crianças – e todos nós somos crianças adultas – com o filho inocente de Miriam, filho alegadamente traido por Judas, condenado por judeus e crucificado a pedido de judeus? E qual efeito tem para crianças piedosas se o mesmo menino Deus que no Natal fica deitado no presépio, morre na cruz já antes de Páscoa, e assim por diante, ano após ano? Naturalmente o nosso drama é absolutamente inapropriado para crianças. Mas não é que qualquer teatro natalino, com ou sem o assassino perfido deste Rei Herodes, é também o primeiro ato para a Paixão cruel? Não é que crianças com suas antenas muito finas e sensíveis bem facilmente percebam para que este menino no presépio é destinado? Não é que crianças têm o direito de ficar poupadas de imagens e narrativas apropriadas para aprender ódio contra pessoas de outras religiões?

Abigal: Não vamos perguntar vocês quanto ao nosso desempenho como atrizes. Muito mais importa por exemplo a questão se ou não estupro pode ser apresentado no palco de qualquer modo. A sobrevivente do holocausto Ruth Klüger disse que a narrativa de tortura – e estupro é tortura – ela disse que contar tortura muitas vezes abaixa o terror da vítima, um terror mudo e sem palavras. É possível apresentar a amudecida ficando à mercê do estuprador?

Miriam: Talvez não é possível, mas preciso todavia. A psicóloga e traumatóloga americana Yael Danieli escreve: "De que não se fala, não pode parar. E se não para, vai continuar supurando, de uma geração para outra."

Mical: Neste ponto queremos apresentar algumas teses que não podem ser respondidas nem por um simples *sim* ou *não* nem de forma escalada tipo *bom – mediano – ruim*, mas que deveriam provocar o seu posicionamento. Posicionar-se individualmente é também o que esperamos das três mulheres pertencendo a três campos político-religiosos diferentes que agora convidamos a sentar-se aqui no palco para formar um espaço âmago do nosso debate.

Agradecemos a presença de ...

(As três representantes se sentam no palco).

Dina: De novo a pergunta da Margarida ao Doutor Fausto: "Qual é a sua atitude para com a religião?"

1. Quer dizer: Essa peça é religiosa ou anti-religiosa?

2. A composição da peça se deve de maneira muito vital à obra da teologa feminista e anteriormente freira da Sociedade do Coração Sagrado de Jesus, professora Jane Schaberg. No obituário publicado na página de uma ONG católica no dia 18 de abril 2012, Kathy Schiffer escreveu: "Jane Schaberg morreu na noite passada na casa dela, acompanhada por amigas." Tendo lembrado as hostilidades que Jane Schaberg tinha sofrido na vida, Kathy Schiffer concluiu o obituário assim: "Não importa o que ela pensava e ensinava sobre Jesus, sobre a mãe e a Igreja dele, a Jane agora sabe. Que Deus na sua mercê infinita se mostre a ela Ele mesmo como Ele é na verdade. Que a alma dela, e as almas de todos os fiéis ja falecidos, descansem em paz. Amen."

O obituário soa como a pequena Jane já tivesse exigido quase demais da mercê divina imerita. Mais severo foi o julgamento de um Dr. David Tee, que comentou: "A Bíblia ensina que 'qualquer um que traz um evangelho diferente do que Jesus e seus discípulos nós deram, é maldito.' ... Se essa mulher se tivesse arrependido antes da morte, provavelmente teria recebido mercê e salvação. Agora é tarde demais."

A culpa de Jane Schaberg era grave, resumida no epitáfio breve de certa Maggy Goff: "Quantos é que ela desviou do caminho?" Porém, uma *Sue from Buffalo* discordou do Dr. Tee e seu "tarde demais", escrevendo: "Ninguém sabe se ela fielmente se arrependia antes da morte. Ela pudesse ter levantado os olhos ao ceu e falado as palavras 'Jesus, tem piedade de mim' nessa fração de segundo antes da morte."

Aparentemente aqui duas visões de Deus bem diferentes estão colidindo. Será que nós, parteiras e Miriam, vamos ter que nos arrepender desta peça na hora certa?

3. Nossa peça baseia-se principalmente na tese de Jane Schaberg que Miriam de Nazaré concebeu o seu filho Jesus num ato violento, sendo ela estuprada por um soldado romano, e que este inicio terrivelmente violento e impuro paradoxalmente "nós presentea com realidades humanas mais cheias e portanto com potencial teológico mais profundo" do que a crença na conceição virginal por Deus.

4. Daí, se vocês forem pedidos que escreverem um posfácio muito resumido para a nossa peça, o que é que acharem o mais importante? Vocês podem imaginar o que mudaria se as Igrejas aceitariam o ponto de vista de Jane Schaberg? O cristianismo desabaria, ou antes se tornaria mais fiel às intenções de Jesus?

Abigal: O produtor de teatro Augusto Boal, ele mesmo sendo vítima da ditadura militar brasileira de 1974-1995, é famoso pelo seu *Teatro dos Oprimidos*. Nos seus workshops, Boal costumava encorajar espetadores que reencenarem a peça de modo diferente, particularmente dando-lha um outro fim, de modo que conflitos se tornem visíveis ou resolúveis. Isso é difícil na nossa peça, mas talvez vocês têm sugestões quanto a o que pudesse ser atuado de modo alternativo ou com papeis adicionais? Ficamos abertos para qualquer proposta, menos que Miriam deveria casar-se com o estuprador.

Mical: O mais importante é que vocês no fim da peça se sentem à vontade para proferir os seus próprios pensamentos, suas críticas e opiniões ...

Dina: Obrigadas pelo seu aplauso e seu debate crítico mas civilizada e sua discussão não violenta a respeito de Miriam e Parteiras. Em honra de Jane Schaberg, terminamos com um obituário escrito por sua amiga Shula Fleischer ...

(... veja posfácio)

C   Posfácio

Jane Schaberg,
in memoriam

Adeus a uma pensadora da vanguarda
Por Shula Fleischer, 18 de Abril de 2012

Jane era estudiosa verdadeira e pesquisadora maravilhosa. Não tomou seus textos de ânimo leve, e a obra dela não deve ser considerada como blasfémia. Por favor adiem seus julgamentos até que tenham lido os livros dela. Só então vocês podem apreciar ou disputar as conclusões às quais chegou.
Jane era o ser humano mais gentil, abrigando crianças que viveram na 12th street em Detroit e dando lhes uma oportunidade de educação e orientação para uma vida melhor que os pais delas não lhas pudessem ter oferecido.
Jane era gentil para com os animais e achou beleza em todas as criaturas de Deus, até naquelas deformadas e deficientes que a maioria de nós tivesse evitado de encontrar.
A meu ver, ela merece sentar bem próximo de Deus. Eu pessoalmente perdi uma mentora, colega e amiga muito querida.
Que a lembrança dela seja uma benção!

O que é que eu, K.Y. Riggenmann, pudesse acrescentar a este epitáfio? Apenas minha esperança que Jane Schaberg aplaudisse para Miriam Com Parteiras, e que vaias se ouvissem só daquela gente que deixou o automóvel dela arder em chamas (jeito detroitense de auto-da-fé?).
Você, prezada leitora, agora pode julgar: Se Miriam Com Parteiras são blasfemas, uma afronta, desrespeitosas para com Jesus, Deus, Maria e a festa tão rica de velas que resplandece na nossa meninice? A primeira peça minha era um natalino suábio, elogido como orien-

tado para crianças, humanamente comovente e realista. Vou tentar comprovando que estes três atributos aplicam-se ao meu natalino para quatro mulheres, e que este é o contrário de blasfemo, inepto e irreverente, particularmente a respeito de quatro pessoas, mais as crianças.

1. Jesus: O que seria tão ruim se ele não tiver nascido num estabuleiro e não deitado na manjedoura de animais, mas gerado na humilhação mais profunda da mãe dele?
Se para ele a dignidade dos oprimidos não teria sido apenas uma exigência moral, mas um detalhe embutido no seu corpo, aquele corpo abusado que hoje adorna, na versão esculpida de madeira ou fundida de metal, todos os cantos deste mundo?
E se a encarnação dele está sendo interpretada teologicamente como ato extremo mas voluntário de auto-humilhação, visto como a descida do Filho do Altíssimo, abaixo para o sofrimento mais profundo da natureza humana: como essa descida pudesse ser a mais profunda possível se a conceição dele não tiver sido um ato extremamente violento de baixeza desumana?

2. José: Um homem jovem, provavelmente um rebelde anti-romano, que adota o filho da sua noiva, gerado violentamente pelo inimigo, como filho próprio: será que ele é menos apto para santidade do que o velhinho pós-sexual apresentado ao lado da jovem Maria por gerações de pintores cristãos?

3. Maria: Será que causaria algum prejuizo à santidade de Maria assumir que não houve anjo que anunciou a maternidade forçada nela por um estuprador? Qual mulher deveria valer como mais santa, mais inteira, mais verdadeira: Uma que incorpora o sêmen divino docilmente e aceita o filho resultante submissa, sabendo que o pequeno malandro é divino – ou outro que aceita o filho do seu estuprador não obstante com amor, criando-lhe com dedicação durante vinte anos, sem poder esquecer aquele dia por apenas um dia?

4. Deus: Será que faz mal ao Deus de Jesus que o Messias Filho de Davi surgiu não só do incesto de Juda com Tamar, do ventre da puta Rahab, da linha da sedutora moabita Ruthe e do adultério de Davi com Bate Seba mas além disso do estupro sofrido pela virgem inocente Miriam? Será que o respeito incomum de Jesus para crianças, mulheres, pecadores e pecadoras perde valor se tem de ver com sua biografia própria?

E essa conçeição terrivelmente impura não é pelo menos muito mais provável do que a presunção que o Todo-Poderoso criou aquela célula espermática única do nada e a levou pra dentro de uma das células somáticas de Miriam do mesmo jeito miraculoso? Este caso milagroso me deixaria com a questão se Jesus, que ensinou orar o Pai Nosso, era um filho primeira classe do Pai Nosso e nós apenas somos filhos ou, pior ainda, filhas de segunda classe do Nosso Pai?

E por que, se o Deus Todo-Poderoso pode gerar filhos e filhas tão facilmente, não pratica isso sempre, assim que pudessemos abster-nos do sexo pecaminoso?

A propósito: Será que é tão honroso para o Pai Nosso estar no mesmo nível com o deus mulherengo Jupiter no ato de gerar um filho com a noiva de um carpinteiro judeu?

Podemos comparar o Pai Nosso com este pai José apenas substituto que adotou o filho, gerado seja como for, porque "era justo, e a não queria infamar" (Mateus 1:19)? O Pai Nosso é justo também, certo? Ou Abraão não era certo quando perguntou: "Não faria justiça o Juíz de toda a terra?" Se sim, será que um Deus justo pudesse não ter aceitado o filho de Pantera como filho próprio, como o fiz José?

E uma última questão, perguntada pelo ex-seminarista que eu sou: De acordo com a doutrina moral católica, um ato de amor sexual, para ser sem pecado, deve sempre conter a chance para o seu fim natural, a geração de filhos. Então não vale também on inverso que qualquer ato de geração deve conter amor sexual? Será que Deus tomou a peito isso no caso da Maria?

5. Por último, as crianças: Sem dúvida, a peça Miriam Com Parteiras não é natalino para crianças, sendo inapto para qualquer fase entre creche e colégio. Mas também natalinos com menino Deus, pastores e três reis magos são altamente questionáveis neste sentido. Não só por causa do massacre que as crianças de Belém sofreram em lugar dele, mas porque o manjedouro de madeira cada ano antes de Páscoa se torna a cruz de madeira para qual foi destinado o filho do Pai Nosso, certo? Nem por acaso o psicólogo judeu Erik Eriksson chamou de "religião dos adultos" a cristã. Porque criança tem antenas finas ...

Curitiba, 24 de outubro, 2018   Konrad Yona Riggenmann

Bibliografia

Alberti, Bettina: Die Seele fühlt von Anfang an. Wie pränatale Erfahrungen unsere Beziehungsfähigkeit prägen. Munique 2005.

Arad, Yitzchak (ed): The Pictorial History of the Holocaust. Yadvashem, Jerusalém 1990.

Aslan, Reza; Zealot. The Life and Times of Jesus of Nazareth. New York 2013.

Ben-Chorin, Shalom: Paulus. Der Völkerapostel in jüdischer Sicht. Munique 1980.

Bonder, Nilton: A Alma Imoral. Rio de Janeiro 1998.

Capps, Donald: The Child's Song. Religious Abuse of Children. Louisville, Kentucky 1995.

Callsen, Brigitta et al. (Fritz Peter Knapp, Manuela Niesner and Martin Przybilski): Das jüdische Leben Jesu, Toldot Jeschu. Die älteste lateinische Übersetzung in den Falsitates Judaeorum von Thomas Ebendorfer. Viena e Munique 2003.

Carroll, James: Constantine's Sword. The Church and the Jews. Boston e New York 2001.

Cohn, Haim: O Julgamento e a Morte de Jesus. Rio de Janeiro 1994 (edição alemã: Cohn, Chaim: Der Prozeß und Tod Jesu aus jüdischer Sicht, Frankfurt 1997).

Crossan, John Dominic: Who killed Jesus? New York 1996.

de Rosa, Peter: Der Jesus-Mythos. Über die Krise der katholischen Kirche. Munique 1993.

Durant, Will: Caesar und Christus. Eine Kulturgeschichte Roms und des Christentums. Berna 1949.

Eisler, Robert: Man Into Wolf. An Anthropological Interpretation of Sadism, Masochism and Lycanthropy. Londres 1951.

Ellis, Marc: Unholy Alliance: Religion and Atrocity in Our Time. Minneapolis 1997.

Ferenczi, Sandor: Schriften zur Psychoanalyse II, Frankfurt 1972.

Flusser, David: Jesus in Selbstzeugnissen und Bilddokumenten. Reinbek 1968.

Fricke, Weddig: Standrechtlich gekreuzigt. Person und Prozeß des Jesus aus Galiläa. Reinbek 1991.

Freire, Paulo: Pädagogik der Unterdrückten. Reinbek 1991.

Freud, Sigmund: O Mal-Estar na Civilização. Obras completas, volume 18. São Paulo 2010.

Greenberg, Irving: The Jewish Way. Living the Holidays. New York 1993.

Häsing, Helga and **Janus**, Ludwig: Ungewollte Kinder. Annäherungen, Beispiele, Hilfen. Reinbek 1994.

Heer, Friedrich: Gottes erste Liebe. Die Juden im Spannungsfeld der Geschichte. Berlim 1981.

Horsley, Richard A. and **Silberman**, Neil Asher: The Message and the Kingdom. How Jesus and Paul Ignited a Revolution and Transformed the Ancient World. New York 1997.

Isaac, Jules: Jesus und Israel. Viena e Zurique 1968.

Janus, Ludwig: Wie die Seele entsteht. Heidelberg 1997.

Janus, Ludwig: Der Seelenraum des Ungeborenen. Pränatale Psychologie und Therapie. Düsseldorf e Zurique 2000.

Josephus, Flavius: Geschichte des Jüdischen Krieges, Wiesbaden 1982.

Kertész, Imre: Kaddisch für ein nicht geborenes Kind. Reinbek 2002.

Klausner, Joseph: Jesus von Nazareth. Jerusalém 1952.

Lanzmann, Claude: Shoah. Düsseldorf 1986.

Lapide, Pinchas: Der Rabbi von Nazareth. Wandlungen des jüdischen Jesusbildes. Trier 1974.

Lapide, Pinchas: Er wandelte nicht auf dem Meer. Ein jüdischer Theologe liest die Evangelien. Gütersloh 1984.

Lapide, Pinchas: Wer war schuld an Jesu Tod? Gütersloh 1987.

Lapide, Pinchas: Warum kommt er nicht? Gütersloh 1988.

Lehmann, Johannes: Das Geheinmnis des Rabbi Jesus. Die Wahrheit von Qumran und was Urchristen und Kirche daraus machten. Hamburgo 1993.

Levend, Helga e **Janus**, Ludwig (ed.): Drum hab ich kein Gesicht. Kinder aus unerwünschten Schwangerschaften. Würzburg 2000.

Lüdemann, Gerd: Jesus nach 2000 Jahren. Was er wirklich sagte und tat. Lüneburg 2000.

Maccoby, Hyam: Judas Iscariot and the Myth of Jewish Evil. New York 1992.

Maccoby, Hyam: Jesus und der Jüdische Freiheitskampf. Friburgo i.B. 1996.

Michael, Robert: Holy Hatred. Christian Antisemitism and the Holocaust. New York 2006.

Nicholls, William: Christian Antisemitism. A History of Hate. Lanham (Maryland) 2004.

Sartre, Jean-Paul: Bariona oder Der Sohn des Donners. Reinbek 2013.

Schaberg, Jane: The Illegitimacy of Jesus. A Feminist Theological Interpretation of the Infancy Narratives. San Francisco, ca. 1994.

Schoeps, Hans-Joachim: Jewish Christianity: Factional Disputes in the Early Church. Philadelphia 1969.

Schützenberger, Anne Ancelin, in: The Ancestor Syndrome. Transgenerational Psychotherapy and the Hidden Link in the Family Tree. New York 1998.

Schwab, Gabriele: Haunting Legacies. Violent Histories and Transgenerational Trauma. New York 2010.

Schweitzer, Albert: Die psychiatrische Beurteilung Jesu. Hildesheim, Zurique, New York 2005.

Szondi, Leopold: Schicksalsanalyse. Wahl in Liebe, Freundschaft, Beruf, Krankheit und Tod. Basiléia 2004.

Tabor, James D.: Die Jesus-Dynastie. Das verborgene Leben von Jesus und seiner Familie und der Ursprung des Christentums. Munique 2007.

Telushkin, Joseph: Jewish Literacy. The most important things to know about the Jewish religion, its people, and its history. New York 2001.

Travers Herford, Robert: Christianity in Talmud and Midrash. London 1903; reprint 2012 (forgottenbooks).

Van der Kolk, Bessel: The Body Keeps the Score. Brain, Mind and Body in the Healing of Trauma. New York 2014.

Weiss, John: Ideology of Death. Why the Holocaust Happened in Germany. Chicago 1997.

Wistrich, Robert: Der antisemitische Wahn. Von Hitler bis zum Heiligen Krieg gegen Israel. Ismaning 1987.

Zimmermann, Béatrice Acklin and **Annen**, Franz: Versöhnt durch den Opfertod Christi? Die christliche Sühneopfertheologie auf der Anklagebank. Zurique 2009.

Bíblias usadas:

Arenhoevel, Diego (Hg): Jerusalemer Bibel. Friburgo i.B., Basiléia e Viena 1968.

Biblehub.com.

Jewish Publication Society: Hebrew-English Tanach. Philadelphia 1999.

Levine, Amy-Jill / **Brettler**, Marc Zvi (ed.): The Jewish Annotated New Testament. Oxford 2011.

Imagens

Capa: Lorenzo Lotto (1480-1557), Nativitá: Wikimedia Commons.
Judia abusada por ralé ucraniana (imagem inteira: p.3):
Arad, p.176, por cortesia de Yadvashem Archives.

p.4: Madonna del huso, Museu Cidade do México:
Wikimedia Commons.

p.16: Nazaré, pintado pelo escocês David Roberts em 1842:
Wikimedia Commons.

p.19: Virginis partus, do Hortus Deliciarium da Abadessa
Herrad de Landsberg: Wikimedia Commons.

p.32: Epitáfios de Pantera e Pintaius:
a) Fotos: Wikipedia; (palavras chave Panthera/Signifer)
b) Desenho: Flusser, p.40, por cortesia da editora Rowohlt,
Reinbek.

p.47: James Tissot (1836-1902), Barrabás: Wikimedia Commons.

p.62: Fusos: Wikipedia.

p.100: Jane Schaberg: por cortesia de Patheos.com;
patheos.com/blogs/kathyschiffer/2012/04/jane-schaberg-
feminist-theologian-has-died.

Canção **"Unter di khurves fun poyln"**
Letras: Manger, Itzig: (1911-1969): Dunkelgold. (Poemas em
ídiche e alemão). Frankfurt 2004.
Música: Shoul Beresowsky (1908-1975).
CD: Daniel Kahn and The Painted Bird: The Broken Tongue.
(paintedbird.de, 2006).

Direitos de execução
... são concedidas a título gratuito e independente de lugar e número
de apresentações, na condição que 36 por cento dos lucros são doados
para projetos acreditados elegíveis nas areas seguintes: Direitos
humanos iguais de mulheres, menores e minorias; aproximação
e diálogo intercultural e interreligioso (topicalmente apto: árabe-
judeu), paz, ecologia e direitos animais.

Contato kyriggenmann@gmail.com
konrig@t-online.de
facebook, Konrad Yona Riggenmann

Partitura musical para **"Unter di khurves fun poyln"**
"Para a casa de Miriam"
"Salvo na terra dormindo"

Anotado de ouvido pelo autor da peça, em gratidão a
Itzig Manger e Shoul Beresowsky.